JN110655

コート・ダジュールの小さな旅

小峰和夫／小峰良子
Kazuo Komine　Ryoko Komine

Parade Books

Provençal

DU LIVRE
MOUANS
SARTOUX
ANTIBES
Oldelaf
PICASSO
THEATRE

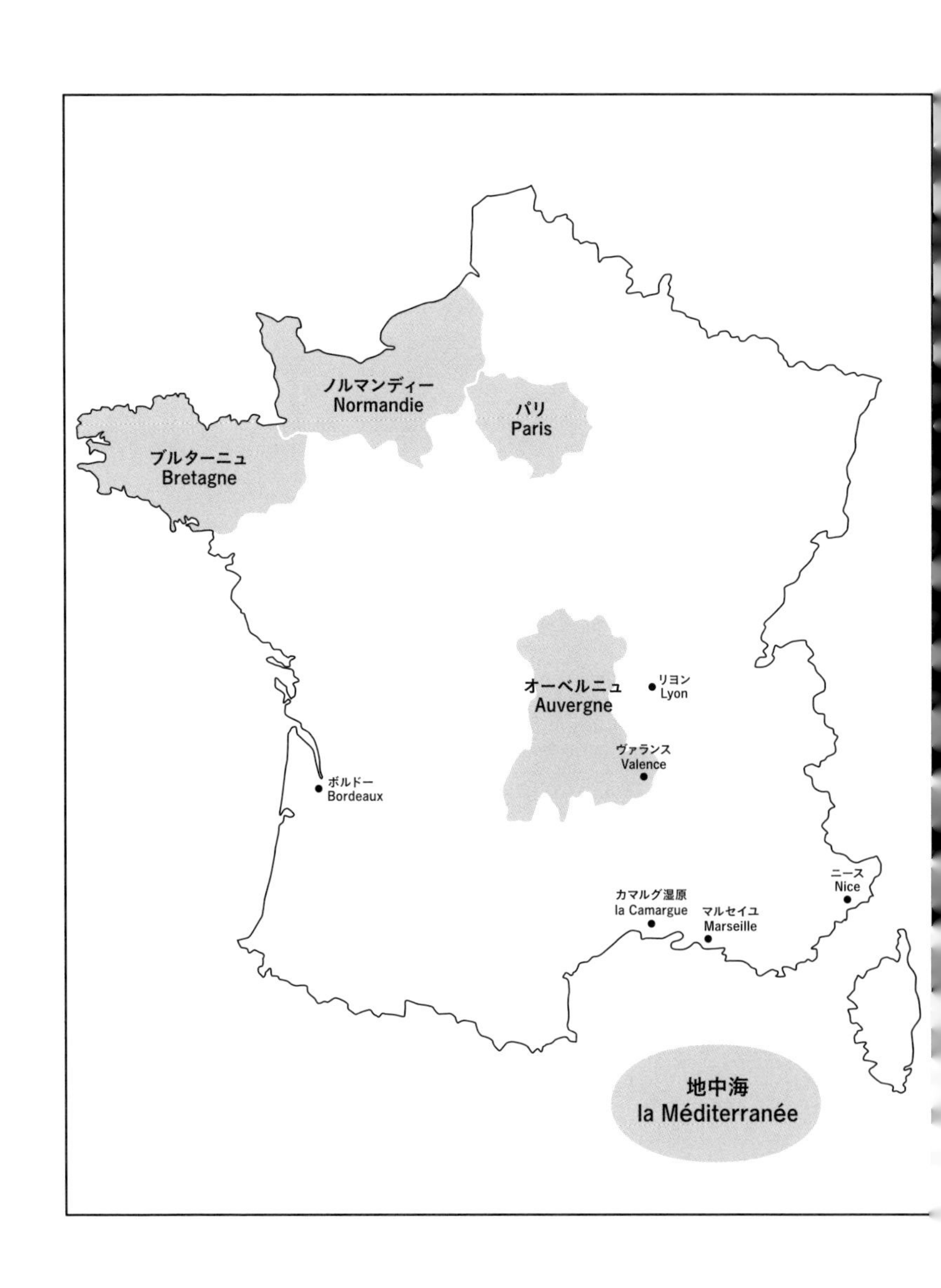
ノルマンディー
Normandie
パリ
Paris
ブルターニュ
Bretagne
オーベルニュ
Auvergne
リヨン
Lyon
ヴァランス
Valence
ボルドー
Bordeaux
ニース
Nice
カマルグ湿原
la Camargue
マルセイユ
Marseille
地中海
la Méditerranée

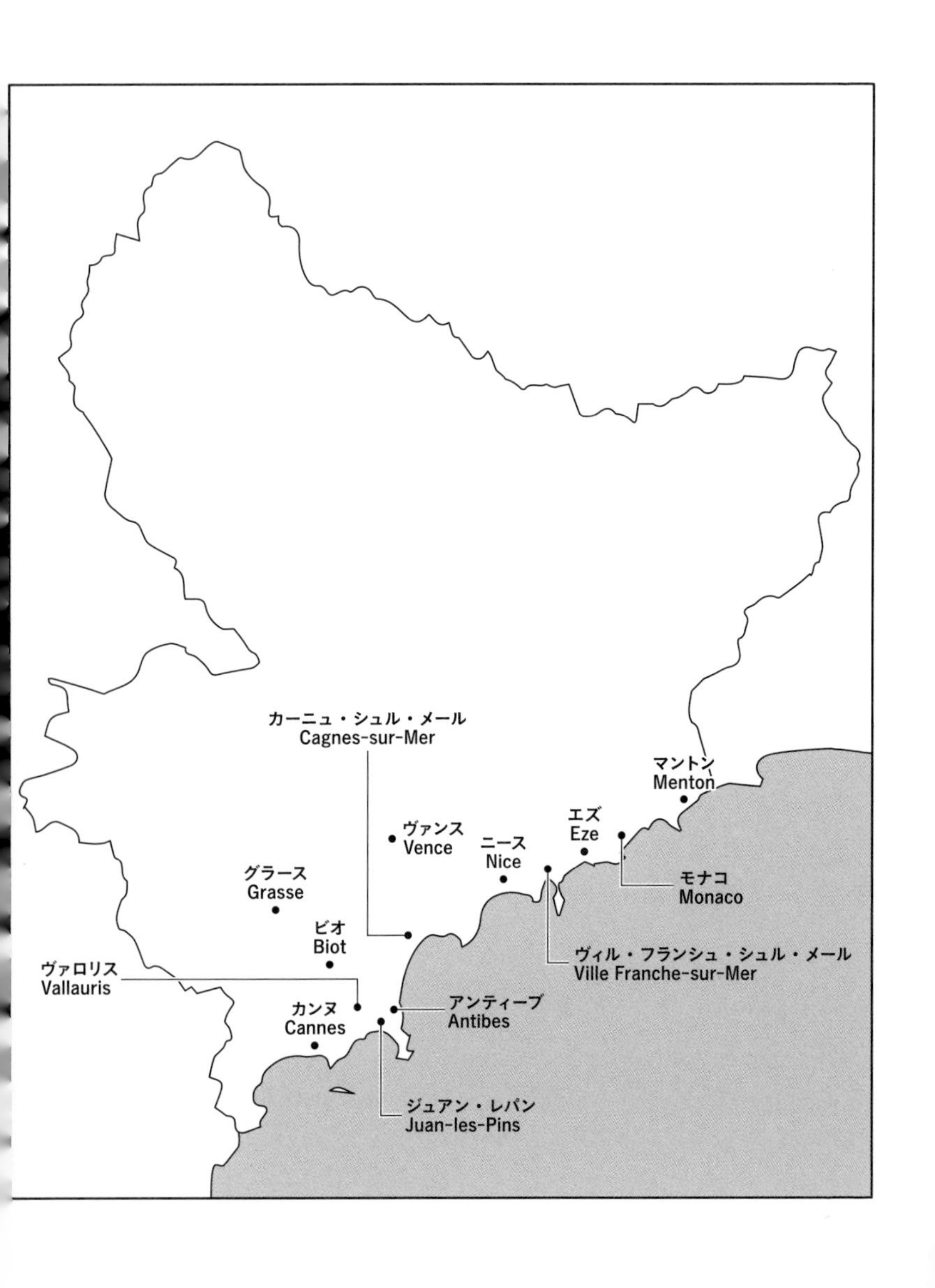
カーニュ・シュル・メール
Cagnes-sur-Mer
マントン
Menton
ヴァンス
Vence
ニース
Nice
エズ
Eze
グラース
Grasse
モナコ
Monaco
ビオ
Biot
ヴィル・フランシュ・シュル・メール
Ville Franche-sur-Mer
ヴァロリス
Vallauris
カンヌ
Cannes
アンティーブ
Antibes
ジュアン・レパン
Juan-les-Pins

コート・ダジュールの小さな旅

もくじ

ボンジュール

——コート・ダジュールって、昔いろんな画家がいたみたいね。
——うん。ルノワール、マティス、ピカソ……美術館とかも多いんじゃないの。
——ゆかりの地を訪ねて回ったら面白いかしら、どこかの街に滞在しながら。
——一か月くらいかけてね。

今回の旅行はこんなやりとりから始まりました。最初はほんの思いつきだったのですが、あれこれ思案しているうちに、「ともかく行ってみようか」という成り行きになって、そこそこの準備をしたうえで、はるばるコート・ダジュールに出かけることになりました。新型コロナウイルスの感染がひろがる一年ほど前のことです。

昼頃にＡＦの便で羽田を発って、同じ日付の夕方パリに着くと、無理してトランジットしないで、空港ホテルに一泊しました。おかげさまでフライトの疲れもとれ、時差ボケのだるさを感じることもなく、午前の便に乗って先ほどニースに着いたところです。「案外こぢんまりしているなあ」「おしゃれよねちょっと」。ニースの空港は初めてです。

大きな人の塊り、長い行列、にぎやかな家族連れ、そういったものがほとんど見当たりません。今日は九月十日です。コート・ダジュールも観光のオフシーズンに入ったのでしょう。「これだったらパリの空港みたいに迷子になる心配はないわね」。まずはほっとしました。

これからアンティーブという街に向かいます。海辺の小さな街らしいです。行ったことはありませんし、とくに知り合いもいません。ですから多少不安です。それでもそこに、民泊みたいな部屋を見つけることができたので、一か月滞在するつもりで予約を取りました。なぜアンティーブを滞在地に選んだのか。それについてはあとでお話しします。

いっしょに飛行機を降りた人たちのあとについて、指定のターンテーブルに向かいました。そばにいた若者の手を借りて、二つの旅行鞄をたやすく引き揚げると、カートを押して税関審査に進み、問題なく通過できたので到着ロビーに向かいました。さあもう一息だぞ。というところで足止めを食いました。ちょっとまごつく場面になったのですが、どうにか切りぬけて到着ロビーに出ました。何があったかは、これもあとでお話しします。

ロビーも混んでいませんでした。それでも、人の名前を書いた紙をかざす人が、けっこうたくさんいます。私たちを迎えに来てくれる男性も、たぶんあの中にいるのでは。そう期待しながら中央のあたりに出て行き、ひとまずカートを止めました。

　ニースからアンティーブまでそう遠くはなさそうです。でも、重い旅行鞄を引きずりながら、勝手のよくわからない鉄道を使って、まるで知らない街まで行き、そこからさらに……どう考えてもこれは面倒、と言うよりも私たちには無理です。

　タクシーで行くのはどうか。日本を発つ前にネットでしらべてみました。すると、「ニースの空港タクシーはフランスでは最悪」などなど、不吉な情報がいっぱい出ていました。手薬煉(てぐすね)引いて雲助が待っているのかもしれません。ぞっとしました。

　それではと、予約した「民泊」の部屋のオーナーに相談のメールを送ってみました。「管理人が車で迎えに行けます。料金は四十ユーロです」。嬉しい返事がすぐに来ました。料金はネットで見たタクシーのほぼ半額です。迷うまでもなく車の手配をたのみました。その管理人さんというのが、ここに来ているはずなのです。

　わざわざロビーの中央に出て行ったのは、少しでも目立つほうがいいだろう、そう思ったからです。二分ほどたちました。誰も近づいて来ません……「おかしいなあ?」「どうしたのかしらね?」それらしい男性がいないか、カートを置いたまま、ゆっくり付近を見て回りました。

　念のため外のタクシー乗り場も覗いてみました。十人ほどの男性がたむろしています。この中に雲助がいるかどうか、それはわかりませんが、誰もこちらに関心を示しません。

「まさか忘れるはずないわよねえ」

「四、五日前に、到着時刻を確認するメールが、オーナーから来たばかりだもの」

さてと、こまったな、どうしよう。だんだん心配になってきました。「電話してみるか」。

というところですが、実は私たちはスマホもガラケーも持っていません。つまりアナログ人間です。キョロキョロするばかり。不安がつのってきたとき、

「あそこに観光案内所があるわよ」

「どこ？　あゝ、あれ。……そうだ、あそこから電話してもらおう」

よかった。案内所はがらすきでした。管理人さんの名前はベルモンドさんと言い、電話番号もオーナーから聞いていました。「この人を呼びたいんですけど」と、窓口の女性にメモ用紙を渡すと、「ウイ」と言って、気安く電話してくれました。混んでいたらこうはいかなかったかもしれません。女性が何かしゃべっています。電話が通じたみたいです。

すると、ほんの三十秒もしないうちに、まる顔のずんぐりした男性が、トコトコっと目の前に現れました。Tシャツに短パン姿のこの男性、どことなく職人ふうです。年の頃は六十代初めでしょうか。私たちより若そうですが、それなり年配の人で安心しました。外国人でも気心が通じやすそうなので。

大柄でもなく、いかつくもなく、それに人も悪くなさそうです。「ベルモンドさん」。そう呼んだのではもう一つピッタリきません。「親方」とでも呼ぶほうがしっくりする感じです。いったい親方はロビーのどこにいたのかしら？　そこがどうも腑に落ちませんでしたが、まずはお互い笑顔で軽く握手を交わして、

「ボンジュール」

「ボンジュール」

親方の車は駐車場に停めてありました。二つの旅行鞄をカートからトランクに移しました。シートベルトを締めて座席に腰を沈めたときには、思わずふたりとも苦笑してしまいました。

「到着ロビーがすいていてよかったなあ」「そうねえ、やっぱり旅行のハイシーズンをはずしてよかったわ」。一か月前にでも来ていたら、いったいどんなことになったか、想像するのもちょっと怖いようでした。

ニースの南、カンヌの北――アンティーブの発見

イタリアからフランスにかけての地中海岸は、かつてはリヴィエラと呼ばれていました。そのうちの南寄りのフランス領の海岸は、フレンチ・リヴィエラとも呼ばれていました。粋（いき）な名前のように聞こえますが、それがいつしかコート・ダジュールと名を変えたのです。日本語に訳せば紺碧の海岸です。そこで、ここからはコート・ダジュールでなくて、紺碧海岸（コート・ダジュール）と書くことにします。

気候温暖にして風光明媚。高級ホテル、別荘、マリーナ、カジノ、国際映画祭、モナコF1グランプリ……華麗なイメージに彩られている紺碧海岸（コート・ダジュール）です。たしかに国際的な高級保養地だと思います。いわゆる観光地とはちょっと違うようですが。絶景、名所旧跡、テーマパーク、最先端ファッション、グルメ……そういうものはあまりなさそうです。そのせいかどうか、日本からのパックツアーも少ないみたいです。

でも、高級リゾート地というのとはまた別の見どころが、紺碧海岸（コート・ダジュール）にはあるらしいのだと

いうことを、つい最近になって知りました。そうなんです。ここにはルノワール、マティス、ピカソ、コクトーなど、有名画家ゆかりの場所が、点々とあちこちにあるらしいのです。田舎にしては地域の交通の便はよさそうです。どこか一つの街に滞在できれば、日帰りの「小さな旅」で、気ままにそういう所を訪ねて回れそうです。大いに興味が持てました。

　でも、はたして滞在に向いた街があるかどうか、それがまず問題です。情報を集めてみました。ニース、カンヌ、モナコ、ここらはいかにも都会的で高級な感じだし、観光客など人出も多いでしょう。のんきに滞在できそうもありません。マントンやサン・トロペなどの街は、お手ごろ感はあったのですが、場所が端（はし）っこなので地の利がいま一つ。そんな感じです。そうやって篩（ふるい）にかけていったところ、おしまいまで残ったのがアンティーブという街でした。

「アンティーブ？　そんな街があるの？　聞いたことないわね」。そうなんです。まったく初耳の街でした。でも、それだけに穴場感は十分です。手つかずの魅力に出逢えるのでは。そんな気がしました。小さくて地味な港街、レトロな小路にひろがる商店街、昔ながらの朝市のにぎわい、古城の中のピカソ美術館、ヨーロッパでも指折りという大きなマリーナ、ニースとカンヌにはさまれて交通至便……

「ここならいいんじゃないかい？」

「落ち着いていていそうだから、シニアには向いているかな」

となると、次は宿探しです。インターネットを利用しました。世界中の宿泊施設を紹介するサイトがあるからです。今回は滞在型の旅行なので、一応は「仮住まい」に向いた部屋でないとだめです。そんなのはなかなか見つからないかな、と思いながら探してみたところ、これはどうかというのが、案外早くに一つ見つかりました。日本の民泊みたいな感じです。紹介記事を読んでみました。

部屋は中世の建物の中にある。広さは五十平米近くあって、ちゃんとしたキッチンが付いている。冷蔵庫、炊事道具、食器、洗濯機、テレビ等々、生活用品は揃っている。浴室にはシャワーも湯槽（バスタブ）もある。観光にも買い物にも便利な所にある。こんな具合です。

宿泊者が残した評価（レヴュー）があるので、七つか八つ拾い読みしてみました。「部屋のロケーションは抜群にいい」というのが、異口同音の目立った感想でした。海にほど近い歴史地区の中にあって、観光にも滞在にも便利。そういうことのようです。古い建物のせいか、飛び切りきれいな部屋というわけではなさそうですが、これと言った難点は指摘されていません。

ただし、たいていの宿泊者は、長くても五日程度の滞在のようで、一か月なんて例は見当たりませんでした。長くいたらどうだったのか？　そこはわかりません。その点ちょっとだけ不安が残りました。ちなみに、評価（レヴュー）の中に日本人客のものは見当たりませんでした。

では、気になる部屋代のほうはどうか。光熱費込みの一泊の金額は、だいたい二つ星ホテルの下くらいかなという数字でした。

「どうかな、あの部屋？」

「そうねえ、いいんだけど、部屋代がねえ……」

「一泊じゃなくて、一か月分の金額を見ると、やっぱりビビっちゃうな。部屋はたっぷり広くて、ちゃんと自炊もできそうだし、アパートみたいに気ままに過ごせるから、ホテルより割安なんだろうけどね」

悩ましいのはお金のことだけではありません。年齢のこともあります。寄る年波は日々実感しています。余生なんて言われたら、これはもうあまりなさそうです。でも、閑でしたらたっぷりあります。元気もそこそこなら残っています。それで、「いまのうちに、もう一度海外旅行に行っておこうか」という思いが、寝た子が目を覚ますように湧いてきて、冒頭のようなやりとりになったのです。

ちなみに海外旅行の経験ですが、これは多いほうかもしれません。行先はだいたいヨーロッパで、ほとんどが自己流の旅、いわゆる個人旅行です。そんな経験が少しは役に立つかもしれません。でも、言葉もままならない外国で、ひとりの知人もいない街に部屋を借りて、ほんの一か月ではあるけれど、ふたりだけで滞在するわけです。健康にしても経験にしても、過信はもちろん禁物です。

それからしばらくのあいだ、「小さな旅」の候補地を挙げてみたり、旅行の日程を組んでみたり、資金繰りに頭をひねったり……いろいろ思いを巡らしていました。そのうち、「行かずに未練を残すのもいやだな」。そういう気持ちが日増しに強くなってきました。「行くとすればこれが最後の海外旅行になるかな」。そんな寂しい気持ちもありました。

今回は自炊が中心の旅行です。やりようでは意外と費用は嵩まないかもしれません。シニアにふさわしいように旅すれば、病気や事故にあう危険も少ないのではないか。そんなふうに、前向きにというか、自分に都合よくというか、気持ちはどんどんのめっていきました。

「あとは運次第かな」

「そうね。天に任せてね」

けっきょく出した結論は、「行ってみよう」になりました。滞在期間は九月十日からの一か月を予定しました。その頃なら気候もほどよいだろうし、観光客で混雑していることもなさそうです。おだやかな空気に包まれた紺碧海岸（コート・ダジュール）を思い描いたのでした。

肝心の部屋の空室状況をしらべてみました。よかった！　一か月間まるまる無傷で空（あ）いていました。虫食い状態だったらだめです。「ついてるわね。運がいいのかも」。部屋の設備、部屋代の支払い方法、キャンセル料の規定、そういった情報をもう一度よく読んでから、予約を確定しました。出発の半年も前、早春の三月のことでした。

アンティーブの宿―鍵と領収書

空港を離れてからずっと、車は海岸線をひた走っています。親方は一つも言葉を発しません。職人気質なのか無口なのか、それともフランス語が通じないと思っているからでしょうか。ハンドルさばきは武骨かなと思っていたら、べつにそんなこともありませんでした。

車は南に向かっているはずです。左手にひろがるのは地中海。たっぷり午後の陽をあびて、まばゆく、碧く、そして静かにきらめいています。「きれいねえ」。月並みな言葉しか頭に浮かびません。凡人の悲しさです。窓に隙間をつくってみたら、ぼわっ！　熱風が吹き込んできました。紺碧海岸はまだ夏が終わっていないようです。秋の冷気さえ感じたパリの朝とはだいぶ違います。さすがここは南仏です。ワクワクしてきました。

二十分あまり走ったでしょうか。道が二股に別れる所で、親方がハンドルを左に切ると、林立する帆柱の見える道路を、車は少し速度を落として進んで行きました。きれいな並木のある通りには、往来する車も少なく、人影もほとんど見えません。「そろそろアンティーブかな」。そう思った矢先に車が停まりました。城壁みたいなものが立ちはだかっています。街はこの中にあるのでしょう。

　前かがみになって、キャスター付きの旅行鞄の一つを押しながら、親方はせっせとアーチ型の門をくぐって壁の中に入り、どんどん先へ進んで行きます。身のこなしがやはり職人っぽい感じです。こちらは、もう一つの鞄を引きずりながらあとを追いました。城門に向かって車が流れてくる道路を、いとも簡単に横切った親方は、短い坂道を一気にのぼって行きます。後ろを気づかう様子なんてまったくありません。思わず笑ってしまいました。

　坂の上に待っていたのは、ひっそりとした住宅街でした。古びた石造りの建物が並んでいます。南欧風の家並みです。暗く枯れさびた感じではなく、おだやかな生気が感じられます。建物は三階で頭を揃えているようなので、小路にもよく陽がさしています。昼下がりのためか、行きあう人はいませんでした。

　ニコニコしながら親方が待っています。ヨーロッパの昔の建物によくみる、馬の蹄（ひづめ）のような形をした扉口の前です。丈（たけ）はあまり高くありません。石壁にはめこんだような木製の扉は、ざっくりとした味わいのものですが、重くはなさそうです。

「へ～、ここかあ……」

「大丈夫かしら？」

親方がいかにも昔ふうの鍵を取り出し、それを鍵穴に差し込んでひじで扉を押し開けました。パッと灯りがつきました。これは現代的です。ちなみにヨーロッパの住宅では、ドアは内側に開きます。それが伝統のようです。日本とは逆です。外敵の侵入を防ぎやすいからだとか。トンネルのような通路が、まっすぐ奥に伸びています。「タイムトンネルかな?」。床はなだらかな階段状に造られていて、意外と歩きやすいものでした。私たちの部屋は二階にありました。中に入ったところで、やっと親方が口を開きました。

「この建物には部屋が三つあります。一つはここで、もう一つはアメリカ人のもの、あとはフランス人のものです。でも、どちらもいまは留守です」

聞えてきたのはもちろんフランス語です。相手に通じているかどうか、そんなことはまったく親方は気にしていないみたいです。やっぱり職人ふうです。でも、このときは何となく話の内容がつかめました。

この建物には、私たちの部屋のほかに、二階に一部屋、三階に一部屋あって、どうやらその二つは別荘のようでした。ということは、この部屋も以前はオーナーが別荘に使っていたのかもしれません。見た目の印象からすると、ここで普段の暮らしをしていたようにはとても思えません。「オーナーはどこの国の人ですか?」。よほど訊こうかと思いましたが、何となくためらってしまいました。

親方が、今度は部屋の設備の説明を始めました。なめらかな運びです。慣れているのでしょう。とはいえ、こちらは適当に「ウイ、ウイ」と相槌（あいづち）を打つだけです。だいたいのことしかわかりませんので。何かあったらそのときのことです。それよりも、気になったのは部屋代の支払いでした。

部屋代は現金払いになっていました。少々面倒な気がしたのですが、オーナーの意向なので仕方ありません。用意してきた現金は、部屋代だけでなくて、備品の損害補償金というのもあって、それらをリヴィングのテーブルの上に出しました。親方の見ている前で、一枚一枚お札を数えていって、

「これで全部です。確かめてください」

東京の外貨ショップで両替した際に、なるべく高額のユーロ札を揃えてもらったので、確かめるのに時間はかかりません。数え終えると親方は、「ウイ」とつぶやくように言っただけで、お札をいったんこちらに戻しました。「では、領収書（レシート）をください」と言うと、

「……」

「ええと、領収書（レシート）ですけど」

「……」

あわててリュックサックのポケットから、旅行用の小さな辞書を引っ張り出しました。フ

ランス語の「領収書」という単語を拾って、それをメモ用紙に書き写して親方に見せました。でも、「……」。親方は困惑した表情を見せるだけです。

「領収書をもらえないと、お金は渡せないですよ」。そうくりかえしても、英語なので通じていないかもしれません。いや、こちらが何を言いたいかは、きっと通じているのでしょう。部屋代と引き換えに客に領収書を渡す。親方は、そのようにオーナーから指示されていないようです。これまでも出したことがないのでしょう。

そう考えると、何かこちらが親方をいじめてるみたいな、そんな気にもなってきました。さあ、どうしたらいいものか。部屋の中に気まずい沈黙が……これ以上親方を説得しても無駄ではないか。そんなふうに思えてきました。

この部屋は、一般のホテルと違って、アパートの貸室みたいになっているはずです。客は、チェックインするときに鍵を渡され、チェックアウトのときまで自由に部屋を使えるのです。ですから、たぶんチェックインのときに、鍵と引き換えに部屋代を前払いするのでしょう。いまはクレジットカードでの前払いが多いかと思いますが。

ということは、部屋代をもらわずに客に鍵を渡す。そういうことはないのでしょう。鍵を渡したとすれば、すなわち部屋代はもらった、ということを意味する。領収書を出しても出さなくてもです。たぶんそういう流儀なのです。ここはひとまずそう考えて、腹をくることにしました。

お札の入った封筒をあらためて差し出すと、引き換えに親方は鍵を二つこちらによこしました。一階の扉とこの部屋の鍵です。これで問題解決です‼　思った通りでした。すっくと立ち上がると、親方は封筒をズボンのポケットにつっこみました。べつに礼を言うわけでもなく、かといって不機嫌そうでもありません。「アヴォワ〜ハ」。ケロッとした顔で引き揚げて行きました。

部屋の管理人さんと言っても、この建物に親方が常駐しているわけではありません。チェックインとチェックアウトのとき以外は、何か必要なことが起きなければ、管理人さんがここに来ることはないのでしょう。もちろん客の求めがあれば、すぐ部屋に来てくれるのでしょうが。

追い追いわかったことですが、親方はここからそう遠くない所に住んでいるようでした。商店街でたびたび出逢ったし、奥さんと肩を組むようにして歩いている姿も、あちこちで見かけました。部屋の管理人さんが身近な所にいてくれるのは、やはり安心なことではありました。

やれやれ。大きなあくびが出ました。ベッドにもなりそうなソファがあるので、その上に横になって、半時間ばかり気持ちよく眠りました。それから旅行鞄の中身を取り出し、クローゼットや棚に適当に収めていきました。ほとんどは衣類と食品です。「これから一か月、楽しいことがいっぱいありそう」。たまらなく嬉しくなってきました。

空っぽになった旅行鞄を片付けると、買い物がてらさっそく外に出ました。まずは近所の様子見です。しっかり鍵をかけて小路に出ると、すぐに角を左に折れてみました。建物の裏に隙間のような路地があって、先のほうがずいぶんと明るいので、「あっちに行ってみよう」とぬけてみたら、海を見おろす高台の道路に出ました。

「わあ、すごい眺め！」

「こんなにも近いんだ、海が！」

少しばかりの高台ですが、視界いっぱいにひろがる海が見下ろせます。午後の凪いだ青い海原に、戯れるようにして浮かぶ何艘ものヨット。おだやかな青空には、刷毛で掃いたような白い雲が、うっすらとかかっています。正面ずっと先のほうに、低い山並みを背にした明るい街が見えます。陽光を浴びて輝いているニースでした。

左手下には、小さな入り江と白砂のビーチがあって、たくさんの人が海水浴を楽しんでいます。その向こうに見えるのは、漁港とマリーナのようで、ここから簡単に歩いて行けそうです。右手を振り向いてみました。道路沿いに、橙色の石の高楼が立っています。一見したところそうは見えませんが、グリマルディという名の古い城でした。街のランドマークになっていて、中にはたぶんピカソ美術館があるはずです。

　いきなり、これぞ紺碧海岸(コート・ダジュール)と言わんばかりの眺めに出逢って、すっかり嬉しくなっていったん部屋の前の小路に引き返しました。今度は海と反対の方向に行ってみることに。古い石畳にしては歩きやすい道で、これなら躓(けつまず)いたり滑ったりする心配はなさそうです。標識には《サンテスプリ通り》とあります。《聖霊通り》ということでしょうか。

　路上に大きなテーブルと椅子を出して、なにやら仕事中の女性がいます。たっぷりとした背中が小路をふさぐようです。黙々と絵筆をとっています。街の風景を水彩絵の具で描いているらしいこのマダムは、たぶん小路の住人でしょう。そっと脇をぬけて行きました。
　三、四人の若い男女がやって来ます。観光客でしょう。彼らとすれ違って少し行くと、つきあたりの手前、左にちょっと曲がった所に、立派な教会がありました。白とベージュのツートンカラーの明るい建物ですが、これは高い鐘楼を持つ大聖堂でした。今日のところは素通りさせてもらって、小路を右に曲がって小さな坂を下りてみました。
「あ！　マルシェだ。よかった、こんな近いんだ」

　今回の旅行の目玉の一つは、市場(マルシェ)での日々の買い物ではないか。そう期待していました。お目当てのその市場(マルシェ)が、まさか部屋から目と鼻の距離にあるとは。「これなら毎朝でも来れるわ」「ショッピングカーもいらないだろ」「ラッキーねえ」。もう三時を回っていたので、場内は閑散としていましたが、脇の道路沿いに並ぶカフェや商店はにぎわっています。

端のほうに食品のミニストアを見つけました。三十歳くらいの青年が店番をしています。たぶん店主でしょう。「ボンジュール」。一声かけて中に入りました。牛乳、オレンジジュース、チーズ、パスタにパスタソースを手に取ってから、ワインの瓶が並ぶ棚を見ていました。後ろから声がします。

店主が、ロゼワインの並ぶ下のほうの棚を指さして、「プロヴァンス×○▽×、プロヴァンス×○▽×」と言っています。何を言ってるのかわかりません。棚から一本手に取ってラベルを見ると、プロヴァンス産のロゼワインでした。プロヴァンスのワインの代表はロゼだ、とは聞いていました。適当に一本選んでみました。

それをレジに持って行くと、田舎の青年っぽいぶっきらぼうな店主にたのんで、ここで栓を抜いてもらいました。ほかの物といっしょにそれを袋に入れてもらい、勘定を払って出ました。便利なお店を見つけた。そんな感じでした。

港のほうに向かって歩いて行くと、先ほど親方を追ってくぐった城門が見えてきました。この辺にもいろんなお店があるみたいです。屋外で大勢のお客さんが食事しているお店の前に来ました。大衆レストランです。「いいわねえ、この感じ」。栓を開けたワインの瓶を提げていましたが、遅い昼食を兼ねたちょっと早めの夕食を、ここでとることにしました。

案内された席に着いてから、それとなくまわりを見てみると、お客さんのほとんどは中高年のようでした。適度なにぎやかさがいいなあ。そんな雰囲気です。

「イワシの塩焼を食べてる人がいるわよ」

「ほんとだ。うちもそうしようか」

イワシの塩焼は私たちにはおなじみです。大好きなポルトガルの名物料理です。まさかこんな所で再会できるとは。懐かしさもあり気持ちがなごんできました。

「現金いくらお持ちですか？　一万ユーロ以上はだめですよって、空港で足止めされたときはびっくりしたわね」

「うん、ロビーに出るすぐ手前で、若い女性係官に呼び止められてね」

「あんなの初めてだったから、ついまごついちゃって」

「昨日、パリの空港では何も訊かなかったのに……」

考えもしなかったことが、今日は二つも三つも起こりました。そのつど、年甲斐もなくと言うのか、年齢のせいと言うのか、けっこう緊張してしまって、さすがにくたびれました。

まずは白ワインで乾杯です！

生野菜をたっぷり添えて、四匹のイワシが運ばれてきました。気前よく粗塩をまぶして焼かれています。「フランス人も好きなのかしら?」「同じ南ヨーロッパだからね」「イタリアでも食べてそうだものね」。よく冷えた白ワインで口の中の油を流しながら、ほっこりした風味を久しぶりに堪能しました。

おしゃべりしながらイワシを三匹平らげた頃には、緊張の糸もすっかりほぐれていました。一日の疲れもどこかに消えていったみたいです。どうやらこの街はなじめそうだな。そんな気がしてきました。

レモン香る国境の街――マントンの思い出

私たちが紺碧海岸（コート・ダジュール）を旅するのは、実はこれが初めてではありません。六年前、少し長めの日程を組んでパリを旅行しているときに、ふと思いついて一度訪れたことがあるのです。イタリアとの国境にある街マントンに四泊の宿をとり、真っ青な空と海のひろがる南フランスの、まばゆい海浜の風景の中を気ままに歩いてきました。そのときの話をちょっとしたいと思います。

フランスにはＴＧＶという高速列車があります。日本の新幹線のようなものでしょうが、フランスの場合はいまもって国鉄の運営です。これを利用するのはその日が初めてでした。紺碧海岸（コート・ダジュール）に向かうＴＧＶはパリ・リヨン駅から出ます。内装がアールヌーボー調のエレガントな駅です。ボルドーやマルセイユの駅舎などもそうですが、フランスの鉄道駅には、風格のある歴史遺産的な建物が多く見られます。

朝の構内は人でいっぱいでした。となるとやはり少し緊張します。その人ごみの中を、銃を抱えた兵士がけわしい目つきをしながら、ゆっくりゆっくりと巡回しています。あそこにもここにも。さらに緊張が走ります。「ずいぶん物々しいなあ」「空港でなくて、鉄道の駅なのにね」。世界に衝撃を与えたパリの同時多発テロ事件、あれが起きたのはそれから三年後のことでした。

巴里祭と言えば七月十四日。昔はそれが過ぎる頃になると、紺碧海岸（コート・ダジュール）をめざす「華やかな人々」でもって、この駅がいっぱいになったそうです。ブルジョア的な光景が目に浮かぶようですが、実際それを目の当たりにした日本人がいます。フランスに長らく滞在し、ロマン・ロランなどと親しくした彫刻家の高田博厚です。エッセイ『フランスから』の中に描かれている、一九三〇年頃の思い出ということなので、ヨーロッパでも旅行が大衆化される前の話です。

電光掲示板で発車時刻と乗車ホームを確かめたあと、スタンドカフェに行ってパンと飲み物を買い足しておきました。ニースまで六時間近く、さらにそこから在来線でマントンまで三十分か四十分。けっこう長丁場になりそうです。

まわりにいた人たちがサ〜と移動し始めました。列車が来たのでしょう。あとを追いました。予約の取れた席は七号車の先頭で、すぐ近くに荷物置き場がありました。そこに旅行鞄を置いて一安心。二等席なので相向かいの四人掛けです。相席したのは高校生くらいの男女のカップルでした。恥ずかしくてあいさつもままならない、そんな感じのふたりです。八時四十九分。ＴＧＶが定刻に発車しました。ワクワクしてきます。前のふたりに笑われそうですが。

　どうしてマントンに泊まる気になったのか。大した理由はありません。フランス一のレモンの産地で、紺碧海岸（コート・ダジュール）の中でもとくに温暖な土地だと聞いたからです。イタリアとの国境にあるというのも、ちょっと興味をおぼえるところでした。陽光の下でのんびり街歩きが楽しめる、おっとりした街を漠然とですが想像しました。それで、思い切ってマントンに四泊することに決めたのでした。

　季節は春に入っていました。でも、四月下旬のパリは、陽の射さない曇り空や、冷たい雨の日が多くて、思っていたよりも肌寒いので少しめげました。東京とはずいぶん違うなと戸惑いもしました。ポン・ヌフから眺める雨にけむるルーブル美術館など、なかなかしっとりした味わいで、それはそれでよかったのですけれど。「紺碧海岸（コート・ダジュール）に行ってみようか」。気まぐれにそう思いついたのも、パリの天候がそんなだったからでもあります。

「わあ、きれいねえ！」。車窓を流れる田園風景です。「こんなのあり？」「絵のようね」。本当にそんな感じです。なだらかに波打つような丘陵、山にさえぎられない広々とした平野、こんもり繁る緑の森、みごとに熟れた小麦畑、よく手入れされたブドウ畑、素朴な佇まいの農家、牧場に散らばる牛や羊の群れ。ジュータンのように、あちこちにひろがるのは菜の花でしょうか。メーデーも過ぎたいま、いよいよ春本番となったようです。

ゆっくり、ゆっくりと風景が通り過ぎていきます。列車は順調に走っています。だいぶ時間がたちました。先ほどから風景が少し趣きを変えてきたようです。どことなく野趣を帯びてきた感じがします。プロヴァンス地方に入ったのでしょう。大地も家も薄茶色く乾いて見えます。のどかで美しいばかりの田園というのとは違う感じです。気候風土が案外きびしいのかもしれません。遠くのほうに尖（とが）った山が見えます。セザンヌの絵にある山でしょうか。

肩寄せ合ってずっと眠りこけていた前の席のカップルが、そろって目をこすり始めた頃に、列車はようやくニースに着きました。終点です。ゆとりの乏しい相席での長旅で、さすがに少々くたびれました。でも、ここはもう紺碧海岸（コート・ダジュール）です。思い切り伸びをしてから席を立ちました。


乗り継いだ列車はジェノヴァ行きでした。三十分ほどでマントンに着きました。あれも国際列車と言うのでしょうか？　停車場ふうの駅に降りた客は数えるほどでした。駅前に電気店があったので、予約してあるホテルの場所を店主に訊ねると、まだ学生だという小柄な息子さんが顔を出して、そちらのほうに用事があるからと言い、近くまで同行してくれることになりました。

「この街、イタリアに似てるように思うけど」

「はい。昔この辺はイタリアだったので」

「へ〜。国境は近いのかしら」

「一・五キロメートルくらいですね」

そうなんです。この辺はジェノヴァ共和国の一部だったり、モナコ公国領だったりした時代があるのです。それもそんなに昔のことではありません。イタリア語をしゃべれる人はいまも少なくないとか。片言(かたこと)の英語で言葉を交わしながら行くうちに、めざすホテルが見えてきました。「メルシーボクー」。礼を言って息子さんとはそこで別れました。


ホテルは三つ星の面白みのない大型施設でした。部屋にはヴェランダが付いていますが、残念ながら海は見えません。ここは海沿いではないのです。その代わり、周辺は緑が多くて環境には恵まれていそうです。そこは気に入りました。でも、やっぱり海を見たい！　鍵をあずけてさっそく外へ。

そろそろ夕暮れが近づいていましたが、温かく心地よい風が吹いています。マントンの気候は亜熱帯性とか。海辺のリゾート地らしい雰囲気が漂ってきたと思ったら、目の前に真っ青な海が現れました。二十年ぶりに見る二度目の地中海です。この前は、ソレント、ナポリ、カプリ島などから眺めた南イタリアの地中海でした。「おだやかな海ねえ」。それが何よりの印象だったのをおぼえています。今日は南フランスの地中海です。

濃いめのブルー、ライトブルー、ホワイト、明るいグリーン……海面にきれいなグラデーションができています。一部は珊瑚礁の海のようにも見えます。少し沖の方に出た所に、小型の白いヨットが一艘、帆を下ろして浮かんでいます。人影は見えません。さざ波が浜辺に寄せては返しています。今日も地中海はおだやかです。海岸線を真っすぐに走る広い道路を進みました。

「《太陽の散歩道》って言うんだって、この道は」

「光に恵まれているものね、この街は。レモンが特産品なんでしょ」

「うん。春にはレモン祭りというのがあるらしいよ」

「ああ、レモンをまとった山車(だし)が出るやつでしょ。テレビで見たことがあるわ」

浜辺のベンチで語らう高齢の男女、そぞろ歩きを楽しむ人たち、ジョギングに汗する女性、風を切ってサイクリングにいそしむグループ。所どころに松の木が生えている広い公園もあります。ブランコや滑り台などの遊具、砂場などもあって、子どもたちがはしゃぎ回っています。

海に背を向けてみました。正面に、岩山を背にパステルカラーの家並みがひろがっています。バロック建築が中心なのだそうですが、景観のすばらしさでは紺碧海岸（コート・ダジュール）の街のなかでも一、二を争うとか。イタリアの海浜の街のようにも見えます。青空にたなびく白い雲。その下に立つエレガントな教会の塔。ひときわ高くて目を惹きます。あの辺がきっと旧市街なのでしょう。明日が楽しみです。

翌朝、ヴェランダに出てみると、何人ものお年寄りが、そろりそろりと散歩しているのが下に見えました。車椅子の人もいます。ホテルの隣は老人ホームでした。気候のいいマントンには、余生を送るため移り住んでくる高齢者が多いそうです。外国人も含めてです。不思議はないなあと思いました。

一方、朝のホテルの食堂はてんやわんやの騒ぎでした。ウエイトレスさんたちが、てんてこ舞いで走り回っていました。団体のお客さんが大勢詰めかけていたのです。ドイツかスイスか、あの辺からバスでやって来たと思われる、元気いっぱいの年配のお客さんたちです。バスの団体旅行はヨーロッパでも人気があるみたいです。

この日、最初に向かったのは市庁舎です。用事があったわけではありません。ここの市庁舎には、婚姻届を出しに来たカップルが、式を挙げることのできる《結婚の間》というのがあって、そこにマントンによく滞在していた、あのジャン・コクトーの絵が飾られているそうです。それを見たかったのです。料金を払って簡単に入れました。

正面の壁いっぱいにひろがる絵には、新婚のカップルが描かれています。いかにもコクトーの作品という感じで、ずいぶん風変わりな絵ですけど、ほのぼのとした幸せ感はちゃんと伝わって来ます。

「絵の中の新婚さん、あれは漁師さんでしょ。素朴でいいわね」

「うん。コクトーがいた頃は漁師町のおもかげもあったんだろうなあ」

「そうねえ。とても気に入った土地らしかったけど」

このあと、前年に開館したばかりだという、浜辺のジャン・コクトー美術館にも行ってみましたが、コクトーについてはいずれまたふれることにします。

旧市街のほうに向かいました。クラシカルな大きな建物があるなあ、と思ったら中は市場(マルシェ)でした。常設の立派な店舗が並んでいます。大量の食品が売られていて壮観です。「みごとねえ」「やっぱりフランス人の食欲はすごいのかなあ」。こんな光景は小食の国日本ではとても見られないでしょう。

商店街にミニストアがあったので、カメラ用の乾電池を買っておきました。お店の名がカジノというので笑っちゃいました。ぶらぶらしているうちに、そろそろランチタイムになったので、適当に選んでイタリアンレストランに入ってみました。

「ねえ、これレモンチェッロじゃないの？」

「……うん、そうみたいだね。カプリ島で飲んだ甘いリキュールだろ」

「レモンはマントンの名物らしいから、とってみようかしら」

レモンはたしかインドが原産地です。いまではシシリア島とカリフォルニアが、世界の二大産地ということらしいですが、フランスだけをみれば、国産レモンの八割はマントン産のものだそうです。甘みの強さが売りらしいです。街にはレモンの専門店やレモンの加工品を売るお店がたくさん見られます。

さて、ランチですけど、残念ながら期待したスパゲッティは外れでした。でも、リキュールのほうは、香りもよくシャキッとした味でおいしかったです。腹ごなしに、また商店街を歩いていると、きれいな公園に出ました。よく整備された市民の憩いの場といった感じです。昼休みのくつろいだ空気に包まれていました。

「これで人口が三万人たらずなんだって」

「ふ〜ん。そんな少ないの。どうやって成り立ってるのかしら？」

「レモンと観光だけなのかなあ？　裕福そうだけどね、街全体が」

近くに豆電車（プチトラン）の発着場を見つけました。フランスでは、ちょっとした街に行くと、たいていこれが走っています。牽引（けんいん）しているのは汽車のかたちをした自動車です。だからレールはありません。子どもの乗り物だろう、と初めて見たときは思いました。でも、実際には大人の乗客のほうが断然多い感じです。

これに乗れば街の観光スポットを要領よく巡れるのです。大きな体のおじさんやおばさんが、五、六輌の小さな箱のような車輌にぎっしり詰まって乗っています。微笑ましいと言えば微笑ましい光景です。そろそろ発車というタイミングだったので、乗ってみることにしました。フランスで豆電車に乗るのは、シャルトル大聖堂のステンドグラスを見に行ったとき以来二度目です。

ほどほどの客を乗せて出発した豆電車。車体の色はホワイトです。ヨットハーバーなどのある海岸沿いの道を、ゆっくり進んで行きます。車輌に屋根はありますが、あとはまったくの吹きぬけです。五月のさわやかな風の中を、音もなく豆電車が走って行きます。愉しくないわけがありません。

古びた石畳の坂道を豆電車がのぼり始めました。いよいよ旧市街に入って行くのでしょう。かなり狭い所もある急な坂道です。それに真っすぐというわけでもありません。「よくこんな所を走れるわねえ」「そうだなあ、帰り道は下りだし」。沿道の家は庶民的な感じです。高い建物はなさそうだけど、それでも家の影で薄暗い所が、時どきですが出てきます。

この旧市街は岩山を利用して造られているのです。海賊の侵入を防ぐためだったそうです。

道が狭くて迷路のようなのも、きっとそのせいでしょう。街並みは中世の十三世紀にできたと言いますが、住民の団結はよほど固かったとみえ、村みたいな近所付き合いがいまも続いているそうです。ヨーロッパでは、意外と伝統社会が根強く残っているのかもしれません。

豆電車を降りて、脇道に踏み込んで行けば、傾斜地にひろがる小路を散歩できそうです。家並みの隙間から海が見えます。どんなふうになっているのか、歩いてみたいなあ。でも、もう少し若くないと、たぶんきついでしょう。

しばらくのぼった所に大きな教会がありました。電車はここで小休止のようです。「やっぱり少し歩いてみようか」。私たちはここで降ろしてもらいました。相席した皆さんとは手を振ってお別れです。

昨日、海岸から見えた美しい塔がすぐ近くにあります。サン・ミッシェル・バジリカ聖堂といい、モナコの大公が十七世紀に建てたものだそうです。当時の宗教画がたくさん所蔵されているとのこと。観光客が三々五々歩いてやって来ます。だいたいが若い人ですが、さすがにみんな顔が少し汗ばんでいます。

坂が尽きるあたりまで行ってみました。待っていたのは掛け値なしの絶景ポイントで、そこは意外なことに墓地でした。と言っても並の墓地ではありません。みごとな墓石や石の十字架が立ち並んでいます。刻まれた彫刻も立派なものです。中心の所に立つ大きな十字架には、《CREDO》と刻まれています。

「どんな人が眠ってるのかしら？」

「昔、この街に保養に来ていた名士らしいよ」

「じゃあお金持ちね。外国人もいるのかな」

海を望む高台に立つ芸術品のような墓石、背後には地中海の沿岸に特有の荒々しい岩山、降りそそぐ陽光を浴びる青い海、白いヨットハーバー、オレンジ色の甍(いらか)の波がひろがる旧市街。紺碧海岸(コート・ダジュール)の主役はやっぱり海と空と太陽かしら。目がくらみそうで、出るのはため息ばかりです。

左手に長い岬が海に突き出ています。たぶんあの向こう側がイタリアなのでしょう。カンツォーネの音楽祭で知られるサンレモの街も遠くないはずです。時間があったら行ってみたい気もしました。心地よい風が渡ってきます。しばらく立ち尽くしていました。

滞在三日目となる翌日は、ゆっくり路線バスに揺られてモナコに行ってきました。沿道の海岸線に建つおしゃれな住宅が目を楽しませてくれました。モナコは独立の大公国で、しかも驚くほど極小の国ですが、観光立国の自負みたいなものが感じられました。そして四日目には、足を延ばして香水の街グラースを訪ねてみました。そのときの話はまたあとでしたいと思います。

初めて訪ねた紺碧海岸（コート・ダジュール）でした。ほんのちょいの間の旅でしたが、目にもやさしい新緑のなか、天候にもよく恵まれたので、期待をはるかに上回るものとなりました。再訪の機会があったら、そのときはもう少し長く滞在してみたい。ニースやカンヌにも行ってみたい。そんなことを思いながら、帰りもまたＴＧＶに乗ってパリに戻って行ったのでした。

レトロな街のゆとり感―アンティーブの隠し味

「冷蔵庫の上にパンが置いてあるから持ってきて」

「うん……あれ！　なんだ、これ？」

体調一ミリ足らずの白っぽいアリが、びっしりとパンにたかっていました。気味悪いほどものすごい数です。

「わあ！　袋を開けておいたらだめね」

キッチンの窓の下から、床をまたいで冷蔵庫の上まで、アリの行列が縄のように伸びています。家人が寝静まったあと、パンの匂いを嗅ぎつけて、どこからか大挙してやって来たのでしょうか。石積みの古い家ですから、アリの這入りこむすき間ならいくらでもありそうです。袋をとじると、いつの間にか、それこそ忽然（こつぜん）と行列は消えていました。これにも驚いてしまいました。

洗濯を終えると、朝のうちに市場（マルシェ）に出かけて行きました。これでもう三度目です。市場（マルシェ）は八時過ぎからやっていて、月曜日が休みです。だいぶ勝手がわかってきました。市場と言っても業者さんどうしの取引などはありません。小さな生産者や商人が、消費者を相手に開く朝市です。ヨーロッパの街ではいまもよく見かけます。

市場には、露店のものと屋内のものとがあるようですが、アンティーブのはその中間みたいなものでした。建物はあるのですが、屋根と柱だけで壁がありません。陽ざしや雨は防げても、風の強い日は難儀かもしれません。その代わり、どこからでも出入りできるので便利です。縦が六十メートル、幅は二十メートルくらいの、わりと小規模なもので、そこに適当な数の店と客が集まって来ます。

この市場で、まず目を惹かれたのが屋根でした。切妻ふうの屋根の上に、もう一つ小さな屋根が載っています。なかなか凝った造りをしているのです。正面入口の所には、壁に《Le Marché Provençal》（プロヴァンス市場）の文字が掲げられ、どなたかの立派な胸像が立っています。屋根裏下の側面を見上げると、木彫の装飾なども施されていて、建てた人たちの心意気が感じられました。つまり年季の入った味のある建物なのです。

「どれくらいたっているのかしら？」

「建てられたのが一九三〇年頃で、建て替えられたことはないそうだよ。観光案内所でもらったパンフによるとね」

「じゃあ、そろそろ九十歳ね」

業者さんたちは早朝にやって来て、運び入れた平台やガラスケースで店舗をセットします。常設の立派な店舗はありません。あるのは小さくて簡便な売り場です。売り手と買い手がすぐ近くで言葉を交わせます。これには大いに助かりました。片言（かたこと）のフランス語もままならないし、あまり大きな声も出せない私たちでも、ほとんど苦労なく買い物ができるからです。それに、ほんの少しの買い物でも気がひけませんでした。

小さな朝市と言っても、いい塩梅（あんばい）にいろんな業者さんが来ています。商品の種類も豊富です。野菜、果物、惣菜、チーズ、蜂蜜、ハム、肉類、菓子類……見て回るだけでも楽しめます。知らない食材が目に入ると、そこでちょっと足が止まり、普通の倍の大きさもあるレモンや、黄色いズッキーニの花を見ると、思わずニッコリしてしまいます。

アーティチョークもあります。ローマの下町の裏通りを歩いていたら、定食屋さんみたいのがあったので入ってみると、見たことのないゆでた野菜がありました。「何だろう、これ?」。お店のおばさんが「ボーノ、ボーノ」としきりに勧めてくれます。おいしそうには見えませんでしたが、おばさんがそう言うので一つずつ食べてみました。イタリアのマンマの味がしました。三十年近くも前の旅の思い出です。

もう一つ、この朝市でありがたいことがありました。量（はか）り売りの品が多いのです。野菜や果物でも秤（はかり）にかけて売っています。お客さんが自分で品物を手に取って、そのまま秤に載せれば重さと値段が表示されます。だからお店の人も面倒ではないのです。

そう言えば、こんな話を聞いたことがあります。フランスの商店では、釣銭を払うのを面倒くさがり、ときには「釣銭がありません」と言って、売るのを断わったりもするというのです。暗算が苦手だからとも言われました。半世紀も前の古い話ですが。

朝市に顔を出した初日から、すんなりお得意さんになったお店がありました。場内の真ん中あたりに出ている農家のお店です。一坪半ほどの売り台に、新鮮な野菜を並べて売っているのは、黒いワークキャップのよく似合う細身の青年です。

「これムッシュウがつくってるの?」「ウイ」「朝とるのかしら?」。手振りをまじえて訊（き）いてみました。「ウイ、毎朝です」。チョッ、チョッと、摘み取るしぐさをしながら、少し得意げな顔をして答えてくれました。家も畑も郊外にあるのだそうです。このお店ではやわらかな葉物をよく買いました。

色とりどりの品を取り揃えて、おしゃれにセットされた売り台を見ていると、やっぱりここは紺碧海岸（コート・ダジュール）だなあ、と感じるときがありました。フランスでも、なかなかほかの街にはなさそうなこのレトロな市場（マルシェ）は、まるごと私たちの好みに合いました。

ほどよいざわめきの中を、いつもゆっくりと時間が流れ、和気藹々（わきあいあい）とした空気に包まれています。生活の匂いがほんのり漂う場内には、気取らない人のふれあいがあります。自然と気持ちもなごんできます。アンティーブに来て、本当にいいものに出逢えたものだ。市場(マルシェ)に来るたびにそう思いました。

市場(マルシェ)の入口の近くに、西へまっすぐに伸びる道路があります。長さは百五十メートルほどですが、そのわりにけっこう幅があります。でも、めったに車は見かけないし、歩道も混雑することなどありません。思いきり風通しがいいこの道は、クレマンソー通りと言います。

道の両側に並ぶ建物は、やはりレトロな石造りのもので、どれもだいたい三階建てです。一階がショップになっていますが、大きなお店は一つもありません。落ち着いた田舎の商店街です。ベージュやホワイトの建物が多く、ノッポのビルもないということで、通りは明るくゆったりとしています。安心のできるのんびり感、これが何ともいい感じです。

香りのいい石鹸がほしいと思って、この商店街にひとりで出かけて行きました。ちょっとドキドキです。フランスのことだから、田舎の街にも石鹸の専門店があるのでは。そう期待しながら歩いていると、通りの中ほどよりちょっと先に、望み通りのお店が待っていました。

ドアを開け放したままの気の置けない感じのお店です。よかった。尻込みしないで入れました。迎えてくれたのがラヴェンダーのさわやかな香り。この花は芯の強さを感じさせると言い、プロヴァンスの象徴なのだそうです。名前はlaver（洗う）に由来すると言いますから、石鹸のお店にはぴったりの花なのかもしれません。

四段の棚が、入口から奥に向かって、グ～と伸びています。色とりどり、ぎっしりと石鹸が詰め込まれています。前に立っていると、それだけで身が洗われるようです。こんな所で働けたらいいだろうなあ。しばらく棚の前を行ったり来たり。どうにも目移りしてしまって。

オレンジ、イエロー、パープル、三つの石鹸を手に取ると、メモを見て一度頭の中で諳んじてから、レジにいる店員さんに声をかけました。ベテラン風の女性です。

「ボンジュール、マダム。サ・フェ・コンビエン（これおいくらですか？）」

「ボンジュール、マダム。九ユーロです。でも、お待ちください」

彼女は奥から小さな箱を持ってきました。ピンク、オレンジ、パープル、ベージュの四色の石鹸が、ハーブの花をあしらった紙の箱に入っています。セット商品なのでしょう。彼女はこちらがお勧めのようです。

「じゃあ、これとこれを替えてもいいかしら？」。ベージュとイエローの石鹸を指さして、ほとんど手振りでもって訊いてみると、「もちろんです」と言ったみたいなので、「サ・フェ・コンビエン？」「十一ユーロです、マダム」「え～と……ジェ・ポンサ（これにします）」

「メルシーボクー、マダム」。

たまたまほかにお客さんがいませんでした。これはいいチャンスだと、ほんのちょっぴりおぼえておいたフランス語を、少しばかり勇気を出して使ってみたら、手振りまじりながらもちゃんと通じたのです。思わずほほがゆるんでしまいました。

このお店は、《Le Chatelard（ル・シャテラール）》という一八〇二年創業の、プロヴァンスを拠点にする化粧品メーカーの出店（でみせ）でした。ラヴェンダーの香りを得意としているそうです。南フランスの石鹸と言えば、マルセイユの石鹸を東京でもよく見かけます。こうして現地に来てみて、未知のブランドに出逢えたのも、ちょっと嬉しくはありました。

近くに本屋さんがあるので寄ってみました。“The English Bookshop”と、立て看板に書かれています。中に入ると英語の本がたくさん並べられていました。たぶん外国人観光客向けのものだと思います。旅行中に読書を楽しむ人も多いからでしょう。

ヨーロッパの人たちは、旅先でもよく本を読んでいます。すごく分厚い本をひろげている人を、静かなカフェ、駅や公園のベンチ、列車の座席などで見かけることがあります。知的な雰囲気が感じられていいものです。

カフェの店先などで、絵ハガキにペンを走らせる若い女性の旅行者。あれもヨーロッパの街角でよく目にする、何となく旅情をそそる光景でした。「でした」と言うのは、近頃めっきり減ってしまったからです。微笑（ほほえ）ましくもあった旅の風物詩の一つが、いつの間にか姿を消そうとしています。寂しいですね。

事務所のような建物から、中年の女性がふたり、おしゃべりしながら出てきました。どちらも五十代なかばくらいかしら。それぞれ無地と花柄のワンピースに、薄手のカーディガンを羽織り、つばの広い夏の帽子をかぶっています。ファッションセンスもそうだけれど、身のこなしが何ともエレガントです。失礼ながら思わず見とれてしまいました。この街の人たちにはゆとりが感じられるなあ。そんな思いを強くした瞬間でした。

石鹸のお店に行った翌週のことです。べつに目的があったわけでもなく、またクレマンソー通りに今度はふたりで出かけて行きました。この通りにはブティックが多いようです。高級ブランド店とか量販店とか、そういったものはありません。あるのは街の洋品店です。と言っても、古くさいわけではなく、キリッと元気なお店が多いように思えます。

首のないマネキンに、奇抜な柄のロングドレスを着せて、堂々と歩道に立たせているお店があります。若い人向けの品を揃えているようです。アンティーブは、たしかに大人っぽい渋めの街ですが、若い女性のファッションともなると、そこはやっぱりけっこう開放的なようです。

同じ並びのすぐ近くのお店で、夏物のバーゲンセールをやっています。ペタペタ貼り紙のしてあるウインドウを覗いてみると、品物の値段は手ごろなようだし、センスも悪くなさそうです。五、六人の女性客が商品を物色していますが、年齢はバラバラな感じです。男性客はいませんが、紳士ものもあるみたいです。面白そうなので入ってみることに。

たくさんの商品がつるされていて、気楽に品選びできそうな雰囲気です。二手に別れて奥のほうに進んで行きました。紳士もののコーナーで、好みの味わいの品が見つかりました。少し厚手のグレーの麻の長袖シャツで、これから秋口に着るのにちょうどよさそうです。袖丈があまるほかは問題なさそうです。陽気にお客さんの相手をしている若い女性の店員さんに、「パードン、マドマゼール」と声をかけてみると、値札を見ながら、

「あなたラッキーですよ。これ、おとといは十%引き、きのうは十五%引きで、今日は二十%引きなんですから。あのベージュのセーターも同じです」

英語で答えが返ってきました。婦人もののコーナーでは、

「これおいくら、ブルーのコットンのブラウス」

「エ〜とそれは……」

「……（買っておいても損はないかな？）」

「マダム、お似合いですよ、きっと」

「鏡はどこかしら？」

若い女性の店員さんが屈託なく相手をしてくれます。外国人でも年寄でも、あるいはオジさんでも、おかまいないみたいです。友だち感覚なのかもしれません。と言っても、がさつな気安さとは違います。こんなのもいいなあと妙に感心しました。

けっきょく、紳士ものの二着と婦人ものの一着を買ってお店を出ました。「お姐さんたちに乗せられたかな」。そんな感じもしましたが、お得感のほうがずっと勝りました。季節の変わり目に旅行に来ると、こんなふうに衣料品のバーゲンセールに出逢えます。この日手に入れた三着は、帰国の日を待つことなく、さっそく現地で着て歩きました。旅先で手に入れた衣類を、そのまま旅先で着て歩く。これはこれでまた楽しいものです。

コクトーが描いた漁村の守護神──初めての小さな旅

ニースから山を一つ越した所に、ヴィル・フランシュ・シュル・メールという長い名前の街があります。二十世紀の前半、奇才をほしいままにマルチな活躍をしたフランスの前衛芸術家、ジャン・コクトーゆかりの港街で、彼がよみがえらせたという礼拝堂があるそうです。それを見ようと、記念すべき初めての「小さな旅」に出かけました。なかなかの人気観光地と聞いています。

城壁の外の静かな道を歩いて駅に向かいました。荷物はないから身軽です。車も人もまばらな通りを十分ほど歩くと、二階建てのワインレッドのモダンな駅舎に着きました。アンティーブの駅に来るのはこれが初めてです。わりと新しい建物みたいです。これからも何度か使うので、部屋から遠くなくてほっとしました。

電車の時刻は、日本を発つ前に手に入れておいた『ヨーロッパ鉄道時刻表』でしらべてありました。切符はまだ買っていません。自動券売機がありましたが、何やらややこしそうなので、さっさとあきらめ窓口に行ってみました。幸いにも並ばずに買えました。窓口の女性の職員さんが後ろを指さしています。ホームの出入口近くに、金属製の小さな黄色いボックスがあります。「あゝ改札機ね」。切符を差し込みしっかり打刻して、それからホームに入って行きました。十時過ぎに乗った列車は、すでに通勤通学時間も過ぎているせいか、わりと空いていて、ふたりとも楽に坐れました。のんびり景色を楽しめそうです。

外国に来ると、電車一つ乗るのにも、戸惑うことがよくあります。たとえば改札です。日本の駅だったら、ホームに入る所にも出る所にも、たいてい改札口があるでしょう。でも、ヨーロッパでは、出口に改札口のない駅、つまり切符を回収しない駅がよくあります。フランスもそうです。電車を降りたらノーチェックで外に出られます。パリを旅行中にこんな貴重な（?）体験をしたことがあります。

その日、どこだか忘れましたが、地下鉄の駅で切符を買おうと自動券売機の前に立ちました。すると、誰かに後ろから声をかけられました。若い女性です。何か話しかけてきました。フランス人のようです。何を言っているのかわかりません。「ボンジュール」とだけ返事して、こちらはともかく切符を買いました。

パリの地下鉄の駅では、日本のそれと似たような自動改札機が設置されています。この駅は小さいので改札口は二つしかありません。ニコニコしながら女性はまだいました。小柄で感じのいい娘さんですが、なぜ日本のおじさんに愛想がいいのか？　私たちは夫婦連れだし……

そのまま改札口に向かい、切符を機械に差し込みました。そのときです。ペタッと何かが背中にはりついた、そんな気がしました。あれ？　なんだろう？　そう思ったのですが、もう前に進むしかないので、軽く押されるようにして直進しました。

次の瞬間、背中にはりついたものがスッと離れて、脇から「メルシー」と声がしました。先ほどの女性が、ニッコリ振り向きながら通りぬけ、飛ぶようにしてホームへの階段をかけ降りて行きました。まさしく脱兎（だっと）のごとく。ああ、そういうことか……さすがは怪盗ルパンの国です。「油断ならないなあ」「ちゃっかりしてるわねえ」。パリの地下鉄も出口には改札口がありません。

ヴィル・フランシュはニースから二つ目で、この日はアンティーブから一時間ほどかかりました。海岸沿いの切り立つ崖の中腹に造られた駅に、ぞろぞろとたくさんの乗客が降りました。ご同輩は見当たりません。ほとんどは若い人のようです。駅舎を出ると、みんな坂道の広い階段を降りて行くので、私たちもあとに続きました。

両側には住宅が並んでいましたが、じきにレストラン、カフェ、みやげ物店などがひしめく通りに入りました。午前中なのにもうにぎわっています。下のほうに波止場が見えかくれしています。そこをベビーカーを押しながら散歩する若いカップルも見えます。ひとまず階段を降り切っておいて、それから振り返ってみました。

ごつごつした崖を背にして、傾斜地に築かれた街が横にひろがっています。建物の彩りは中間色のパステルカラーというのでしょうか。ピンク、イエロー、ライトブルー、ホワイト……多彩に織りなされています。南フランスやイタリアの海岸によくありそうな景観です。もっと高い所の崖の斜面にも、別荘のようなものが散らばっています。

街の名のVille Franche sur Merは、日本語に訳すと《海沿いの自由都市》です。免税港だった時代があるそうです。と言われても、自由港とか免税港とか、日本では耳慣れない言葉なので、もう一つピンと来ませんね。軍港の時代もあったらしいから、小粒でもこの街はなかなか存在感があるようです。

平場（ひらば）の土地と言ったら、入り江と崖との間に猫の額ほどあるだけです。それでもここに居付いた人たちは、波静かな小さな入り江を頼りにして、漁業や交易でもって巧みに暮らしを立ててきたのでしょう。そしていままでは、こんなしゃれたリゾート地になって。

光が降りそそいでいます。ほんのり潮の香をのせて、海の使いのような微風（そよかぜ）が渡ってきます。心地いいです。「エキゾチックねえやっぱり、こんな雰囲気って」「これこそ太陽がいっぱいだなあ」。オープンカフェの白いテントが、波止場に沿って長い列をなしています。いっぱいの客です。ニースから回って来る観光客も多いのでしょう。

埠頭（ふとう）の際（きわ）に可愛い教会が、ポツンと立っています。前には何やらテントを張った屋台が出ています。うっかりすると見過ごしてしまいそうです。あれが例の礼拝堂でしょう。キリストの使徒聖ピエール（ペテロ、ピーター）が祭られているので、サン・ピエール礼拝堂と呼ばれているそうです。聖ピエールは、元々は漁師をしていたので、漁村の守護神にふさわしいのでしょう。

齢（よわい）五百年と言うのですが、まったくそうは見えません。壁の色は羊の毛のようにやわらかなベージュで、正面にはアーチ型の玄関と窓が並んでいます。どれも装飾のようにも見えます。もちろん屋根には鐘楼が載っています。ずいぶん可愛らしくておしゃれな建物なので、これなら誰からも好まれそうです。

でも、かつてはみすぼらしい姿をさらしていた時代もあったのです。それをこのようによみがえらせたのが、ジャン・コクトーでした。日本では、詩人としても、映画《美女と野獣》（一九四六年）の監督としても知られた人ですが、若い世代でその名を知る人は少ないかもしれません。戦前のことですが、世界を巡る船旅の途中で、コクトーは日本の土も踏んで、文化人や芸能人と交流を持ったことがあります。
一八八九年にコクトーはパリ近郊にうまれました。詩、小説、劇作、絵画、映画監督等々、比類なく多彩な活動をくりひろげ、国の内外で高く評価された芸術家です。履歴をしらべてみたら、文字通り第一線で活躍したのは、だいたい戦間期の三十年間だったようです。そんなコクトーの横顔をこんなふうに記した人がいます。（『アートシアター』二号・昭和三十七年五月）
《あの深く澄みきった瞳、高くて清らかな鼻、柔かに結ばれた口許、鶴のような清楚な体つき、きようにそろった指までが、美しい調和をなしながら、コクトーの詩をかなでているように思はれる。》
駐仏大使を務めたこともある古垣鉄郎という人の文章です。コクトーと親交があったらしいですが、「高くて清らかな鼻」、この表現がいいですね。
コクトーが初めて紺碧海岸(コート・ダジュール)に姿をみせたのは、三十代なかばのことで、ヴィル・フランシュやマントンなど、漁村の面影を残した土地を好んだようです。研ぎ澄まされた神経を癒してくれるものがあったのでしょう。戦争が終わってからも、コクトーは紺碧海岸(コート・ダジュール)によくやって来ました。
ヴィル・フランシュに逗留(とうりゅう)していたある日、《あのきたない礼拝堂を修復して、壁画でも飾ってみたらどうか≫。そんなことをコクトーは思いつきました。礼拝堂のみすぼらしい姿に、あらためて心を痛めたのかもしれません。あるいは、ずっとなじみにしてきた土地に、自分の痕跡を何か遺しておきたい。そう思ったのかもしれません。コクトーは還暦を過ぎていました。

教会に自分の作品を納めるというのは、ヨーロッパの芸術家にとっては特別な意味があるのではないでしょうか。中世の時代、芸術とキリスト教の結びつきは全面的だったし、その影響はずっと残ってきたみたいです。集大成の作品などを教会に納めた芸術家は、けっして珍しくないようです。

ちっぽけな礼拝堂の修復工事でしたが、コクトーの壁画制作が加わったため完了までに数年かかりました。工事が終わった年にはコクトーは六十八歳になっていました。ありふれた礼拝堂が大きな芸術的価値を付加されて、みごとによみがえったのです。

「さあ、中に入ってみようか」

「あれ？　……しまってるわよ」

「ほらここ見て。月曜と火曜は閉館日だって」

教会だからいつも開いているだろう。そう思い込んでいました。この礼拝堂は美術館でもあるから、休館日があるのです。時どきやらかすへまにがっかり。天を仰ぎました。

ガイドブックによれば、礼拝堂のいちばんの目玉は、聖ピエールの生涯を描いたコクトーの壁画だそうです。背景には、ヴィル・フランシュの街も描かれていて、ジプシー（ロマ人）なども登場すると言います。「ウ～ン、見たかったなあ」「臍を噬むってこういうことかしら」。未練がましく屋根の鐘楼を見上げても……

建物の脇に空き地があります。大して広くはありません。見るとそこに台座に載った黒い胸像がありました。するどく削いだような、極端に彫りの深い顔。一見してコクトーだとわかります。像に気づく人はほとんどいないみたいです。コクトーは一九六三年に七十四歳で亡くなりました。創作活動に身を捧げつくした生涯でした。

艫綱を縛る杭に赤い漁網がからめて干してあります。わずかにそれだけが、ひなびた漁村だった遠い昔を、うっすらと偲ばせているようです。漁の安全を願って、漁師さんたちが礼拝堂で祈りを捧げる、そういう日はいまもあるのでしょうか。あればそれも見てみたい気がしました。

気を取り直して坂の街のほうに戻り、張り巡らされた小路を歩いてみました。いろんなお店のある通りはどこもにぎやかでしたが、オブスキュール通りという洞穴みたいな通路などもあり、なかなか変化に富んだ楽しい街です。コクトーはここで映画も撮っているはずです。

南ヨーロッパには坂の街が多いように思います。気ままに散策してみると、こんな面白い所はありません。目に入ってくる景色が頻繁に変わっていき、歩いていて飽きることがなく、それに疲れもあまり感じません。たいてい途中に小さな公園かカフェが待っています。そこで一息つければ何よりです。

観光客が足を向けない住宅街にもそっと分け入ってみました。喧騒とは無縁の落ち着いた日々の暮らしが垣間(かいま)見え、街のもう一つの顔に出逢ったような気もしました。赤いブーゲンビリアの花が、住宅の庭から下の小路に這い出すように、たわわに咲きこぼれていたのが、いまも目に鮮やかに残っています。

ランチタイムになりました。散歩の道すがらいいお店を見つけたので、「お昼はここにしよう」と決めてありました。緑陰で食事ができるようなのです。たしかこの辺だったかな、と見当をつけて行ってみると、門前に数人の先客がいました。

屋内の席もあると言われましたが、もちろん庭にしつらえた木陰の席に案内してもらいました。庭で接客にあたるのは、中年の男性とアジア系の若い女性のふたりで、男性はお店のマスターのようです。私たちのところには、女性が注文を取りに来ました。はきはきした英語を話す、気持ちのいいウエイトレスです。

メニューの頭のほうに、《魚のスープ》を見つけました。「マルセイユ名物のブイヤベースよりも、魚のスープのほうが日本人の口に合うのでは」と、どこかにそう書いてあったのを思い出しました。単品で十五ユーロとあります。日本円で言えば二千円くらいですが、手ごろな値段かどうか見当がつきません。どのみち知らない食べ物だから物は試しということで、これを注文することにしました。

「礼拝堂修復の話も、最初はうまくいかなかったらしいね」

「へえ、そうなの。どうして？」

「漁師がしぶったんだよ。礼拝堂は、網の置き場か何かに使われていたんだ。壁画を添えて建物を修復したら、美術館みたいにして入館料を取り、それを地元のものにするからって、説得したんだってコクトーが」

だんだんと席がうまってきました。観光客と地元客、ほぼ半々くらいの感じで、ここでもほとんどが中高年のお客さんです。マスターと親し気に話している男性客もいます。家族連れはいませんでした。落ち着いていて、しかも気の置けない、大人向きのお店です。デキャンタで注文したロゼで、冷たく喉を湿らせながら、しばらくこの雰囲気を楽しんでいました。やはりこんな清々しい日は屋外で食事するのがいちばんです。

スープが運ばれてきました。濃厚なこげ茶色をしています。見たことがありません、こんなスープは。ぷ～んと鼻をくすぐるのは磯の香りです。それで思い出したシーンがあります。

たぶんあれは夏のはじめでした。リスボン近郊の海辺のレストランで、大西洋の果てに落ちて行く夕日を眺めながら、エビのスープをすすったことがあります。あれも磯の香りたっぷりの濃厚な一皿でした。色は違いますが。

あのとき、デザートの冷たいメロンを食べていると、あとからオートバイで乗りつけた中年のカップルが、食事の最初にメロンを取って食べ始めました。「え！　はじめにメロン!?」。意表をつかれました。それで、翌日さっそく真似してみたら、すごく食欲を刺激されることがわかりました。以来、食事のはじめに冷えたメロンを食べる、というのが夏のポルトガル旅行では決まりみたいになりました。

一匙、一匙、スープを口に流し込む。いかにも滋味深そうなスープが、口の中でロゼワインと混じり合っていきます。胃にやさしそうです。「疲れがとれるわね」「うん、気持ちもほぐれていくみたいだし」。思い出に残る旅の味が、また一つふえました。お店をあとにするときは幸せいっぱいな気分でした。

帰りの電車も空いていました。のんびり海を眺めているうちに、頭に浮かんできたのは、『コクトー詩集』（新潮文庫）にあったあのしゃれた詩句でした。

私の耳は貝の殻
海の響きをなつかしむ

部屋の中、街の中──旅先の普段の暮らし

アンティーブに来てから何日かたつうちに、浮遊感みたいなものが消えました。地に足が着いてきた。そんな感じです。土地になじんできたのでしょうか。と言っても、外国にいるときによく感じる、あの微妙な違和感、空気の壁みたいなもの、それは消えていません。たぶんずっと消えないでしょう。べつに不快なものではありませんが、これこそ本当の国境なのかもしれません。

私たちの部屋は二階にありました。なので、外への出入りが楽で助かりました。それと、ほかの部屋が留守だったため、気ままに出入りできました。建物は古めかしく風情のある姿をしています。四百年も五百年も前のものらしいですが、これほどの古民家は日本にはないでしょう。石の文化のヨーロッパならではのものです。昔を偲(しの)べるものが大好きな人間にとっては、本当にうらやましい気がします。

部屋の内部はどうかというと、これはもちろん昔のままというわけではなく、いまどきの

暮らしができるように、適度にリフォームされています。あくまでも適度にです。それで古めかしい外観との調和がとれているのです。間取りはシンプルなワンルームタイプで、浴室以外には壁がないため、室内はほどほどに明るくて開放的です。別荘向きにしつらえたのかもしれません。

ドアを開けて入ると、いきなりそこがキッチンになっています。ヨーロッパの住宅では、玄関のそばに台所を置くのが普通のようです。ここのキッチンは、調理場と洗い場が向き合っていて、あいだのスペースはたっぷりとられています。これはありがたかったです。調理場のある側には冷蔵庫、ガス台、食器棚、洗濯機などが置かれています。もちろん調理器具も食器も一通りそろっています。宿泊者が入ったその日から生活できるようになっているのです。

ギシ、ギシ。床が少しきしみます。年代物の家だから不思議はありません。幸いなことに下の階の部屋は、近所のレストランの物置になっていました。音を立てても気にする必要がありません。三階の住人も不在だったので、これも幸いと言えば幸いでした。

キッチンの先がリヴィング用のスペースです。四角いホワイトの小型テーブル、背の低い整理棚、布張りの大きなソファ、テレビ、そういった物が置かれています。食事はここのテーブルでとりました。夜は、入浴と食事がすんでしまうと、たいていソファにもたれてテレビを見ていました。

　リヴィングの奥、右手にあった浴室は、壁、床、湯槽（バスタブ）、すべてが明るい暖色系のタイル張りになっています。雰囲気はイタリア風です。なによりも嬉しいのは湯槽が付いていることです。シャワーだけでは風呂好きの私たちにはどうも物足りません。一日の疲れが取れないのです。ホテルの最新式のシャワーでもだめです。

　最後は寝室ですが、これはリヴィングよりも一メートルほど高くなっていました。取りはずせる三段の木製階段を踏んで上がります。左右に窓が一つずつあって、どちらもガラス窓の外に、茶色く塗られた木製の鎧戸（よろいど）が付いています。観音開きです。そっと開けて覗いてみると、下は建物の前を通る小路でした。

「あ！　この部屋は道路の真上にあるのね」

「ふ〜ん。向かいの建物との間に架かるブリッジなんだよ、この寝室は」

「こういうのって、昔の耐震補強だって聞いたことがあるわ」

　昼間は小路からよく人の声が聞こえてきました。古びた石の建物の中でのふたりだけの暮らし。わずらわしさがなくてよかった半面、少しばかり寂しいような、心細いようなところもありました。そのせいか、時どき小路から聞こえてくる人の声は、うるさいどころか、むしろありがたい気もしました。

「まあまあいい部屋ね」
「合格点かな、これなら十分に」
「いまどき流行（はや）りの真白な部屋でなくてよかったわ」

毎朝通う市場（マルシェ）のほかにも、私たちがなじみにした場所がもう一つありました。おあつらえ向きなことに、それは市場（マルシェ）のすぐ裏手にありました。間口が三間（げん）あまり、入口の幅は一間ちょっとしかない、構えも地味な小さなカフェです。初めて寄ったのは、滞在二日目の朝で、路上に並べられた席で五、六人のお客さんがくつろいでいました。

私たちも外のテーブルに着いて、ウエイターの青年にコーヒーを注文しました。紅白のツートンカラーの椅子は、軽くて当たりがソフトな籐（とう）製品です。ひじ掛けも付いていて坐り心地がよく、とても気に入りました。お客はだいたい近所の常連さんのようです。持ち込んだパンを食べている人もいます。中高年のお客さんばかりで至って静かです。

街角のカフェに寄って屋外の席に坐る。注文するのは、コーヒー、ビール、ワイン、どれでもいいです。ゆっくり味わいながら、道行く人をぼんやり眺める。このひとときこそヨーロッパ旅行の醍醐味の一つだと思います。

「このお店、大人っぽい雰囲気でいいわね」

「うん、さりげない感じがいいよ」

「市場(マルシェ)のそばだから便利そうだし」

　初めて寄った日、コーヒーを運んできたウエイターの青年に、「私たち、日本から来たの」と言うと、「え！　ジャポン」と、ちょっぴり驚いた様子をみせました。この街では日本人は珍しいのでしょう。滞在中に見かけた日本人は数人しかいませんでしたから。子どもふたりをつれて買い物をしている女性もいましたけれど。

「いつまでの滞在ですか？」

「一か月」

　青年はニコッとしました。びっしり髭(ひげ)をたくわえているけれど、不思議と髭面(ひげづら)のイメージは薄くて、体格も中肉中背ということもあり、この青年にはむさくるしいところがありません。どことなくまだ学生っぽさも残していて、簡単な英語を話せるこの青年には、見知ったときから好感と親しみが持てました。

　朝のカフェでいっしょになるお客さんは、たいてい三人か四人で、多い日でも五、六人です。お店の中にカウンター席もありますが、当然のようにみんな外の椅子に坐ります。新聞や雑誌をひろげている人もいれば、ワインやビールを飲んでいる人もいます。楽しそうに語らっている若い女性客を見る日も珍しくありません。

ある日、市場（マルシェ）の買い物を先にすまして、荷物を置きにいったん部屋に戻り、しばらくしてからカフェに行きました。ちょっと目先を変えて、コーヒー（青年は「アメリケン」と呼んでいた）でなくてエシュプレッソを注文しました。いつもより客が多かったけれど、大きな声でおしゃべりする人もいないので、お店はいつに変わらず静かです。私たちは端（はし）っこのほうの席に坐って、道路を背にしてくつろいでいました。

「ボンジュール、マダム、マダム」

「パードン、マダム」

不意に小学生のグループが現れました。男の子ばかり七、八人、いくぶん緊張した面持ちでこちらに近づいてきます。中のひとりが、ちょっと顔を赤らめ、はにかみながら、テーブルの上に紙をひろげました。色とりどりの果物が描かれています。何か質問してきました。すぐには意味がわかりませんでしたが、どうやら「好きな果物はどれですか？」と言っているようです。

パイナップルの絵を指さしてみました。すると、子どもたちはいっせいに指を三本立てて、「トワ、トワ」と言い出しました。ああ、三つ選んでほしいということか。急いでリンゴと桃の絵を指さしましたが、思わず日本語で「リンゴとモモ」と声に出して言ってしまいました。一瞬キョトンとしたあと、子どもたちは顔を見合わせて笑い出しました。こちらもつられて笑ってしまいました。
いまは九月です。フランスの学校では、新年度が始まったところでしょう。訊いてみたら、この子たちは新三年生でした。フランスの小学校では、二週間の休暇というのが、年に六回もあるそうです。ですから、親元を離れて参加するサマーキャンプなども盛んなようです。子どもたちがのびのび元気なわけです。

「メルシー、マダム」「メルシーボクー」。走り去って行く子どもたちを、若い男性が追って行きました。付き添いの先生でしょう。ほんの一時のふれあいでした。どんな顔の少年たちだったかもおぼえていません。それでも旅のいい思い出になりました。子どもたちには、こちらこそ「メルシー」です。

部屋には洗濯機がありました。ドラム式というやつで、昔からヨーロッパでは一般的なようです。使うのはその日が三度目でした。スイッチを入れてからだいぶたちました。どうやら動きが停まったようなので、「終わったみたいね」と扉を開けてみると、どうもまだフィニッシュではない様子。あわてて扉を閉めて、もう一度スイッチを入れると……反応しません？　あちこちいじってみました。動きません。おまけに、いったん閉めた扉も開かなくなりました。洗濯物は半分水につかったまま、万事休す!!

親方に来てもらわないと。でも、部屋に固定電話はないし、私たちは携帯電話を持っていません。

「まいったなあ、う〜ん……公衆電話を使うか」

「じゃあテレフォンカードを買わないと」

海外旅行に出かけたときは、これまでいつもテレフォンカードを使っていて、とくにそれで不便を感じたことはありませんでした。さっそく市場(マルシェ)の付近まで行って、とりあえずタバコ屋さんを探しました。ヨーロッパの街では、テレカ（もう死語かな？）は、たいてい駅や公園のキオスク、あるいはタバコ屋さんで売っているのです。お店はすぐに見つかりましたところが、

「テレフォンカード？　そんなものありませんよ」

主人に鼻で笑われてしまいました。ええ、どうして？　近くのカフェの店員さんに訊(き)いても、やはり似たような反応です。

「ああ、そういえば公衆電話を見かけないなあ」

「通りに電話ボックスがないものね」

自分たちが急に時代遅れの人間に思われてきました。すごすごとしょんぼり部屋に引き揚げました。

「どうしたらいいかなあ」

「どこかから電話してもらったら、親方に」

と言っても……言葉もままならない外国に来て、こういう面倒なことにぶつかると、やはりちょっと気分も落ち込んできます。

「そうだ、彼にたのもうか、カフェの……」

「ああ、それがいいわ。親方のほかには、顔見知りはあの人しかいないもんね」

実は、フランスでは三年ほど前に、スマホの普及で街頭の公衆電話が撤去されていたのです。これを知ったのは帰国してからのことでした。全然考えてもいませんでした。翌日、いつもより遅めにカフェに行き、注文を取りに来た青年に、「ちょっと助けてほしいんだけど。この人に電話したいんだ」と、英語とフランス語で書いてきたメモを見せました。

「洗濯機が動かない。なるべく早く部屋に来てほしい」という親方へのメッセージです。青年はすぐに電話してくれました。応答がないようなので、メッセージを留守電に残してから、青年はこちらに指でOKのサインを送ってきました。ほっと一安心です。この青年と顔見知りになっていて本当によかった。つくづくそう思いながら、いつものようにコーヒーをすすり始めました。

でも、親方がいつ部屋に来てくれるのか、それはわかりません。洗いかけのもの以外にも洗濯物があります。早く洗濯機を回したい。何かほかに手はないものか……

「ねえ、どこかにコインランドリーがあるんじゃない？」

「そうか、その手があったな」

　青年に訊(き)いてみると、バスターミナルの近くに新しいランドリーがあるという。親方が来るのを漫然と待っていても仕方ありません。さっそく洗濯物を持ってコインランドリーに向かいました。歩いて十分もかかりませんでした。中には誰もいなくて、二十台ほどの洗濯機のうち、動いているのは一台だけでした。

　ふたりともメカが苦手なので、「最初は誰かに教えてもらわないとなあ」と思っていたら、うまい具合に隣はカフェで、折よくマスターがテーブルと椅子を並べ始めたところでした。親方と同じくらいの年格好(としかっこう)で、もう少し体格のいい男性です。

「パードン、ムッシュウ、ボンジュール」

「ウイ、ボンジュール、ムッシュウ」

「そこの機械を使いたいんですが、どうやったらいいですか？」

　仕事をすぐに中断して、マスターは私たちといっしょにランドリーに入り、洗濯機と乾燥機の動かし方を教えてくれました。やりとりは、それこそほとんど手振りだけでしたけれど、教わったとおりにやってみると、当たり前のように洗濯が始まりました。よかった。ありがたい！

「メルシー・ボクー」。マスターにお礼を言ってから、コーヒーを注文してお店の前の椅子に並んで腰かけました。洗濯が終わるのをここで気長に待つことに。道路脇の立木の葉をゆらして、おだやかな風が吹いています。この界隈にはスペイン、ブラジル、インドなどのエスニック料理店が多いようです。そのせいか、どことなく下町風な感じがします。街にいろんな顔があるのは楽しくていいです。

　乾燥まで含めても、洗濯は一時間ほどで終わりました。部屋の洗濯機とは大違いです。「ここに来たほうが早いみたい」「うん、乾燥機もあるし」。部屋の洗濯機が使えなくても、これで何とかなりそうです。ほかほかの洗濯物を抱えて、足取りも軽く部屋に帰って行きました。


　そんなわけで、この日の買い物はいつもより遅い時間になりました。市場（マルシェ）に行くとチーズ屋さんのショウケースを覗いてみました。調理用、前菜用、デザート用、いろいろありすぎるくらいたくさんのチーズが並んでいます。フランスには三百六十種類ものチーズがあると聞きました。私たちもチーズは好きですが、食べる量はと言えば、フランスの人たちに笑われるくらい、ほんのちょっぴりです。

今日は息子さんが店番しています。「ボンジュール、え～と、山羊のチーズはどれかしら？」とメモを見ながら訊（き）くと、「はい、マダム、ここらがみんなそうです」。真っ白いチーズが並んでいます。四角いのもありましたが、まるくて小さめで、ふんわりしたのを一つ選びました。匂いも味もくせのないソフトなチーズでした。

次にこのお店に寄ったときには、少し大きめのオレンジ色のチーズが目に止まりました。これもまるいチーズです。「ケスケセー（これは何ですか？）」とマスターに声をかけてみました。鼻をつまんでマスターは笑いました。匂いがきついのでしょう。旅に出たら好奇心は旺盛のほうがいいので、ここは一つ挑戦してみることに。

なるほど、羊の乳でつくられたこのチーズは、しっかり熟成していて、匂いだけでなく味も濃厚なものでした。きつすぎやしないかと思っていましたが、毎日食べているうちには慣れていって、匂いも自然の風味のように思えてきました。この辺の風土にいくらかなじんできたのかも。そんなふうに思うと嬉しくなりました。

市場（マルシェ）の脇に、海鮮食堂もやっている鮮魚店があります。今日はここで小ぶりのイカを買ってから、市場（マルシェ）に戻って中をぶらぶらしていると、何とひょっこり親方に出くわしました。こんなことってあるのでしょうか。ニコニコしながらこちらに近づいてきます。その様子から見ると、親方はまだ留守電のメッセージをチェックしていないようです。

さっそく身振り手振りで親方に用件を伝えました。すぐわかってくれました。そのまま部屋に来てもらうと、何も言わずに親方は洗濯機をいじり始めました。「動くといいんだけど」「どうにかなるよ」。子どもみたいに見守っていると、まもなく洗濯機が目を覚まして、洗いかけの洗濯物が動き始めました。よかった。さすがです。

親方が何かしゃべりだしました。でも、こちらには通じていません。それがわかったのか、親方は説明をやめて、ズボンの尻のポケットからスマホを取り出しました。何をするのかと思ったら、今度はそれに向かってしゃべり出しました。そして、スマホをこちらの目の前に差し出しました。覗くと画面に日本語が並んでいます。

《洗濯は二時間かかる。終わるまで扉は開けない…》

「洗濯は二時間かかるんだって」

「二時間も！」

なかばあきれている私たちを尻目に、「×〇▽〇×」と言いながら、親方はそそくさと帰って行きました。再び親方がやって来たときには、洗濯は無事終了していました。それを横目で確かめると、「×〇▽〇×、×〇▽〇×」と言いながら、親方は寝室の壁ぎわに置かれた、葛籠（つづら）のような木箱のところに行きました。中から掛け蒲団が引っ張り出されました。

親方は、しきりに夜の寒さのことを気にしているみたいです。以前、いまごろの季節に泊まったお客さんの中に、「昨夜(ゆうべ)は寒くてまいったよ」と訴えた人がいたのかもしれません。私たちも寒いのは苦手です。そろそろ夜寒(よさむ)の季節に入るのかなと、少しばかり心細くなってきました。でも、実際には寒さを感じるような晩は訪れず、布団はずっと戸棚にしまったままになっていました。

「こういう部屋の管理人さんって、やっぱり電機製品の修理とかできないとだめね」

「うん。それに職人肌の人は、話の飲み込みが速くて、言葉が通じなくても用件はすぐにわかってくれるんだ」

部屋の洗濯機がエンストを起こすことはもうありませんでした。でも、便利なコインランドリーも捨てがたいので、あれから三回か四回足を運んで、そのたびに隣のカフェにも寄りました。普段コインランドリーなど使ったこともないのに、可笑(おか)しなものだと思いました。

もう一つのモンマルトルの丘―オード・カーニュ

二回目の小さな旅の日が来ました。行先に選んだのはオード・カーニュという街にある山城です。城も街も丘の上にあるそうです。今日もまた、ニース方面に向かう電車に十時過ぎに乗りました。下車する駅は三つ目のカーニュ・シュル・メール。ほんの近場のようです。

中年の女性がふたり、ドア付近で立ち話に興じています。観光客のようです。空(す)いているのに座席に坐らないところをみると、私たちと同じようにじきに降りるのでしょう。勝手にそう思っていました。二つ目の駅だったか、あるいは三つ目の駅だったか、電車がホームに入って行くと、ふたりがあたふた降りる素振りを見せました。思わずそれにつられて、こちらも席を立ってドアに向かうと、そのままふたりのあとから下車してしまいました。

まるで情趣のない風景、つまり殺風景に囲まれました。荒れ気味の大海原(おおうなばら)が目の前にひろがっています。高台から毎朝眺めている海とはまるで表情が違います。吹きさらしのホームなので、もろに風がぶつかってきます。「なんだか変だなあ」といぶかりながらも、ともかく階段を降りて駅の外に出て行きました。

ガイドブックによれば近くに観光案内所があるはずです。でも、あたりの様子からみると、どうもそんなものがあるようには思えません。たぶんここは街はずれでしょう。思いもかけず立ち尽くしてしまいました。こういうのを、狐にでもつままれたようだと言うのでしょうか……彼女たちはというと、やはりその辺でうろうろしているだけです。

出札口の前を掃除している女性がいました。「すみません、観光案内所はどこですか？」と声をかけてみました。「……」。怪訝な顔をしています。質問の意味は通じているらしいのですが。同僚の男性が近くにいたので、同じ質問をしてみたものの、やはり首をかしげるだけ。さ〜て……もう一度女性に訊き直してみました。

「カーニュ・シュル・メール からオード・カーニュの城まで、え〜と、バスで行きたいんですけど」

「え！　カーニュ！　だったらとなりですよ」

一つ手前の駅で降りちゃったのです、あのふたりにつられて。「他人さまは当てにならないなあ」。苦笑しながらホームに戻って行きました。彼女たちも笑いながら後ろからやって来ます。まるで屈託がありません。イギリス人の旅行者でした。

黙ったまま吹きさらしのベンチに腰をおろしました。観光客と思われる人がほかに数人います。なぜかみんな無言です。こんな所に泊まっているのかしら？　波立つ海に輝きはとぼしく、カモメも飛んでいません。寂しい風景をただぼんやりと眺めていました。「紺碧海岸（コート・ダジュール）にもこんな所があるんだなあ」「そりゃあねえ」。

　予定より三十分ほど遅れてカーニュ・シュル・メールに着きました。「ハヴァグッデイ」。陽気に声をかけ合ってふたり組のマダムとは駅前でお別れしました。カーニュ・シュルメールの街は駅からほど近い所にありました。めざすのは丘の上の城です。どうやって行ったらいいのか、観光案内所に寄って訊（き）いてみたら、「無料のバスがありますよ」と女性の職員さんが教えてくれました。それはありがたい。停留所もすぐに見つかりました。

　地元の人たちと乗り合わせたのは小型の循環バスでした。繁華街をぬけ出たバスは、木陰の多い上り坂に入って行きました。少し曲がりくねった道に、旧い家並みがつらなっています。このあたりはもうオード・カーニュの街なのでしょう。街を囲む城壁があるはずですが、気づかないうちに通り過ぎてしまったみたいです。あとで知ったことですが、風情のあるこの石畳の坂道は、歩いてのぼるとかなりきついそうです。

　十五分ほどたった頃に、バスは山の天辺（てっぺん）らしい地点にさしかかりました。降りてみると、まさに城の膝元でした。地味で小づくりの山城が、肩をそびやかして立っています。名前はグリマルディ城というそうですから、アンティーブの城と同名です。ある時代に同じイタリア貴族のものになったのでしょう。

門をくぐって城内に入ると、今度はいい意味で予想を裏切られました。あまり変哲のない外観とは裏腹に、内部はなかなかしゃれた造りになっています。ルネサンス様式の建物だそうで、小さな中庭などもしつらえてあって、いろいろ見学者を楽しませてくれます。歴代の領主が愛着を持って住んでいた、そういう息づかいみたいなものが感じられます。居城（きょじょう）と言うにふさわしい城です。

この城の目玉は何かというと、城内に設けられた美術館です。紺碧海岸（コート・ダジュール）を愛した画家たちの作品を展示しているそうです。名前は《地中海近代美術館》。私たちにはぜひ見てみたい絵がそこにありました。四十点にのぼるひとりの女性の肖像画です。モデルの名はシュジー・ソリドール。彼女の生涯をたどってみました。


フランスの北西部に、大西洋に突き出た大きな半島があります。生ガキ、リンゴ酒、ガレットなどの特産品で知られるブルターニュ地方です。その半島の付け根の所にサン・マロという古い港街があります。昔は、海賊、冒険家、航海士たちの根城（ねじろ）だったのだと、作家の池波正太郎さんがフランス旅行の紀行文の中で記しています。

シュジー・ソリドールは、十九世紀と二十世紀のかわり目の年に、そこでひそかにうまれました。父親の姓を名乗ることのできない子ども、いわゆる私生児でした。彼女が七歳の年に、母親はシュジーをつれて船乗りと結婚しました。この父親は荒くれ者だったそうですが、シュジーも元気なお転婆娘だったみたいです。

第一次世界大戦のさなか、シュジーはひとりで故郷を離れました。向かったのは花の都パリです。モデルになって身を立てようと思ったのです。むろん田舎出の娘がそのままモデルになれるわけがありません。最初に彼女が就いたのは、工場の女工さんの仕事でした。でも、それに甘んじることなく、すぐに彼女は自動車の免許を取り、救急車の運転手兼伝令に採用されたそうです。向上心も生活力もかなり旺盛だったのでしょう。

やがてシュジーは、市内で美術骨董店を営むマダムと出逢います。この女性は社交界の名士で、人も知る同性愛者でした。人目を惹くほどに美しいシュジーに惚れこんだようです。彼女を寵愛（ちょうあい）するうちに、マダムは知り合いの画家たちにたのんで、シュジーの肖像画を描いてもらうようになりました。作品を人に見せては自慢していたと言います。

シュジーはというと、彼女もまた同性愛者であることを公言し、断髪、つまりおかっぱ頭のヘアスタイルで市内を闊歩（かっぽ）していました。当時は、モードの最先端をゆくパリでも、女性はやっとコルセットを脱ぎ捨てたところでした。髪をショートカットにしたり、スカートを短くして膝を出したりする女性は、まだまだまれな時代でした。

そんな彼女ですから、若い画家たちは、マダムから声がかかると、勇んでシュジーの肖像画を描くようになりました。つまり、モデルになりたいというシュジーの望みは、そんなユニークなかたちでかなえられたのです。

若い頃の写真を見ると、シュジーはたしかに美人です。でも、絶世の美女といったタイプではないようです。全体に造作の大きい面長（おもなが）の顔立ちです。ギリシャ彫刻のようだとも言えます。意志の強さや存在感を感じさせる風貌です。しかも、みごとな肢体はオリンピックの水泳選手並みとも言われ、長身でがっしりとした体格の女性でした。たくましい肩や二の腕というのも、画家の目を惹いたようです。彼らが競って描いてみたくなる要素が、このモデルにはいろいろあったのでしょう。

そんな中、三十歳を迎えた頃、芸術家などが集まる仲間内のパーティで、彼女はシャンソンを歌ってみせました。これが大いにうけました。やがて、周囲の勧めもあったのでしょうが、「歌手の道にこれからの人生賭けてみよう」。そう彼女は決心するに至りました。そして《La Vie Parisienne》（ラ ヴィ パリジェンヌ）というおしゃれなお店を開いて、そこで歌手デビューを果たしました。スポンサーはあのジャン・コクトーだということです。ふたりは親しかったようですが、コクトーは若い芸術家仲間のリーダー的存在でした。

同じ頃、シュジーはあのマダムから自立しました。マダムのお声がかかりがなくても、シュジーを描いてくれる画家はいくらでもいたので、彼女はその後もずっと画家に肖像画を描かせ続けました。モデルという仕事がよほど性に合っていたのかもしれません。シュジーを描いた画家は、けっきょく二百二十六人に達したと言います。信じがたいような数です。作品はいつもお店の壁に飾られていたそうです。

「どんな画家がいたの？」

「マリー・ローランサン、ブラック、コクトー、キスリング、ピカソ……」

「藤田嗣治（つぐはる）もそうだろ」

「コクトーやフジタとは親しかったみたいね」

「片方は型破りの前衛芸術家だし、もう片方はオカッパ頭のふしぎな絵描きだから、彼女とは気が合ったんじゃない」

シュジーのお店は大いに当たりました。勢いに乗ってレコードデビューも果たし、シュジーはのちに「伝説のシャンソン歌手」などと言われるまでの地位を築いていきました。戦前から戦後にわたる彼女の歌声を集めたＣＤを手に入れて聴いてみました。低音でじっくり丁寧に歌いこむ、玄人好みの歌手といった印象です。遠い昔のアール・デコ時代のシャンソンをじっくり楽しめる、そんな感じがしました。ちなみに、彼女についてのおもな情報は、フランスで発売されたこのＣＤの英文解説から得たものです。

シュジーのお店が繁盛していたのは一九三〇年代です。不穏な足音が次第に大きくなっていきました。やがてパリはナチスドイツの占領下に置かれました。

「シュジーはどうしてたの？　お店は閉じてたの？」

「いや、にぎわってたらしいわよ」

「ふ～ん。パリを離れなかったのか」

しかし、彼女のお店にもやはり戦争の影は落ちてきて、店内には複雑な空気が流れていたと言います。ドイツ軍の将校やイギリスのスパイ、反ナチの地下抵抗運動の闘士、そういった人たちが、客の中に混じるようになったからです。

そして訪れたパリ解放の日。とたんに巻き起こったのが、シュジーへの猛烈な逆風でした。「ナチ協力者」の烙印を押されたのです。一時は公民権も剥奪され、パリを追われました。でも、彼女はめげませんでした。やがてこっそりパリに戻り、自分の名を冠した《シュジー・ソリドールの家》というキャバレーを開いたそうです。

十年ほどして還暦を迎えた一九六〇年、シュジーは紺碧海岸（コート・ダジュール）に移り住みカーニュに居を構えました。それで隠居するのかと思いきや、骨董店などとともにここでもシャンソン酒場を開いたのです。芸術家たちでにぎわう店内には、やはり彼女の肖像画が何枚も飾られていたそうです。何か執念みたいなものさえ感じられます。

十数年暮らしたあとシュジーはカーニュを去りました。そのとき彼女は、肖像画のうちから四十点を選び、それをカーニュの街に、一つの条件を付けて寄贈しました。絵を美術館で常設展示する。それが条件でした。同じ人物の肖像画を四十点も常設展示している。ほかにそんな美術館があるでしょうか。しかも名だたる画家の手になる作品ばかりです。

絵は城内の小さな部屋の四方の壁に、つつましく並んでいました。大きなサイズのものはありません。派手なものもありません。モデルは同じ人物なのに、似ている絵は一つもありません。画家の個性が表れているからです。

「この街を出てどこに行ったの、彼女は？」

「大西洋の小さな島に家を買ったらしいわよ。故郷のすぐ近くじゃないみたいだけど」

「へ〜。それじゃそこが終の住み処になったのか」

「肖像画を展示することに、彼女はどんな思いをこめたのかなあ？」

「モデルになりたいという初志を、おしまいまでつらぬいた感じだね」

階段を上がって屋上に出てみました。海と森にはさまれて、乾いたオレンジ色の甍の波がひろがっています。南フランスの田舎らしい、おだやかそのもののパノラマです。海から微風が渡ってきます。あまり心地いいので、しばらく風を愛でるようにしながら、この眺めの中に身を置いていました。「あそこに見えるのはアンティーブかなあ？」「こんなお城だったら住むのもいいかしら？」。城とか宮殿とかを見学して、住んでみたい気がしたことは、実はこれまで一度もありませんでした。

城の前、すぐ近くの広場に面して、田舎風のレストランが開いていました。地元の人らしい年配の夫婦が一組、静かに食事しているところです。私たちもここで昼食をとることにして、景色も楽しめる屋外のテーブルに着きました。

「ピザが一押しですけど、ランチタイムにはやってません。でも、スパゲッティもおいしいですよ」と、注文を取りに来たマスターが言っているようです。メニューにサラッと目を通してから、トマトソースのスパゲッティを二皿注文しました。

大勢の外国人にまじっての食事には、海外旅行ならではの楽しさがあります。いろんな国の人たちと同席したときはとくにそうです。でも、こんなふうに、ほかにほとんどお客さんのいない中での、ふたりだけの食事というのも、これはこれでいいものです。ここは山里なので人の動きもまばらです。のんびりと時間が流れています。それに身を任せるのがいちばんです。

平打ちのパスタが運ばれてきました。モチモチした食感の麺にトマトソースがよくからみ、食べやすくて上々の味です。新鮮なトマトの酸味と甘口の白ワインが、口の中でほどよくとけあって、食欲をいっそうかきたててくれます。

「シュジーみたいな女性、日本にもいたかしら？」

「どうかなあ。明治や大正の頃ならいたかもしれないな」

「世間に認められたいって気持ちが、すごく強かったみたいね彼女は」

「そうねえ。どうしてなのかなあ？」


食事のあと、今日も周辺の住宅街の散歩に向かいました。屋根の上に小さな鐘楼を載せた古びた教会が、民家の向こうに見えます。教会も好きですが、鐘の音も好きです。異国のものなのになぜか郷愁をおぼえ、気持ちがなごむからです。ベルギーの田舎の街で初めて耳にした、空にこだます組鐘（カリヨン）の響き、あれも懐かしいです。

家並みの間をぬう小路を気ままに進んで行きました。窓辺、テラス、道端、いろんな花が風にそよいで咲いています。花はどれも明るく若々しいですが、家並みのほうは枯淡（こたん）の趣きが深いです。とても閑寂（かんじゃく）な住宅街です。

そう言えば、ここオード・カーニュは、《紺碧海岸（コート・ダジュール）のモンマルトル》と呼ばれているとか、いたとか。モンマルトルの丘にはあまり似ていないように思いますけど。小山の上のひっそりとした街を好んで、たくさんの芸術家がやって来たから、そんなふうに呼ばれるようになったのでしょう。ルノワールもいたことがあるというし。

「モディリアーニもここに来たことがあるらしいわよ」

「ああそう、いつ頃？」

　それは第一次世界大戦時のことで、戦火を逃れてモディリアーニはパリから南仏に移ってきました。病気や薬物で重く健康を害していたモディリアーニは、画家仲間に助けられて、恋人と一緒にニースにやって来たらしいのです。一年ほどいたというのですが、そのときここオード・カーニュにも滞在したのでしょう。

　壁の半分がアイビーでおおわれた大きな家の前に出ました。内部(なか)はどんなふうになっているのかしら？　二階の窓辺で、銀髪の婦人が大きなグリーンの如雨露(じょうろ)でゼラニウムに水をやっています。古色を帯びた石の建物には、深紅のゼラニウムの花がよく似合う。いつもそう思います。こちらに気づいた婦人は、ニッコリあいさつしてくれました。「素敵な所にお住まいですね」。そう声をかけたかったのだけれど……

　アンティーブに戻ったのは四時過ぎでした。市場(マルシェ)のそばのミニ食品店に寄ってみると、今日はおかみさんが店番していました。素朴な感じのふっくらした若い女性で、私たちが行くと、いつもちょっとはにかんだ表情を見せます。棚から白ワインのボトルを一本取り、レジに持っていくと、クルクル、ポン！　彼女がいともあっさり栓を抜いてくれます。これもなかなか私たちには真似できません。

帰ってみると部屋がすっきりしていました。掃除とシーツの交換に人が入ったようです。週一回くらいの割で来てもらうよう、親方に手配をたのんでおいたのです。部屋には掃除機がありましたが、大きくて重いので使いませんでした。

ピカソと魯山人――相まみえた奇才と鬼才

《パンを愛する人のために》。看板に大書（たいしょ）されています。開店間もない早朝に行くと、香ばしくて温かい空気が、ホワ～と店先に充満しています。そのパン屋（ブーランジュリ）さんは市場（マルシェ）の脇にありました。ここも小さなお店です。

たいていライ麦パンを一個スライスしてもらい、ほかにクロワッサンなどを袋に入れてもらいます。菓子パンはほとんど買いません。お客さん相手にキビキビ立ち働く若いマダムは、いつも笑顔を絶やさない小柄で素敵（チャーミング）な人です。朝から元気をもらえる気持ちのいいお店です。

滞在十日目になって、ピカソ美術館を訪ねました。美術館はグリマルディ城の中にあるので、部屋から歩いて二、三分で行けます。明るくシンプルな姿をして、城は海沿いの高台にそびえ立っています。ドイツのロマンチック街道とか、フランスのロアール川沿いとか、そういった所で見られる城とは、まるで違ったスタイルのもので、タワーのようなモダンな建物です。十一世紀に流行（はや）ったロマネスク様式の建築だそうです。城でなくて要塞と言うほうがいいかもしれません。

　中世末期の頃に、これを手に入れたのがジェノヴァの貴族グリマルディ家で、二十世紀の初めまで主（あるじ）となっていました。そのあと城はアンティーブの街に売却されたそうですが、大きな灯台のようにも見えるこの城は、いまでは街のランドマークになっています。そしてその中にピカソ美術館があるのです。

「アンティーブにピカソが来たのは戦後のことでしょ」

「うん。戦争中はドイツ軍が居座（いすわ）る暗いパリにいたんだ」

「それで、光を求めて来たのかな」

「スペインではまだフランコの独裁が続いていたしね」

　アンティーブに来たパブロ・ピカソはさっそく仕事場を探しました。広いアトリエでのびのび創作に励みたかったのでしょう。それを聞きつけて手を差し伸べてくれた人がいました。当時、城の中にあった博物館の館長です。眺望のいい一室をピカソに提供したのです。芸術家を大切に遇する国ならではの粋（いき）なはからいですね。

　入口でピカソの大きな顔写真に迎えられました。深い皺（しわ）が刻まれていますが、眼光はまだ鋭さを失っていません。城にいた頃に撮ったものでしょうか？　小学生の見学グループのあとについて窓口に行くと、「無料ですよ」と言われました。「どうして？」と思いながら、小学生たちにならってそのまま中へ入って行きました。パリ市内の美術館でも、作品を前にして床に坐りこみ、学芸員の説明に熱心に耳を傾けている小学生たちの姿をよく見かけました。

ここに展示されている絵は、どれもピカソがこの城の一室で制作したものです。代表作とされるのが、《生きる喜び》というタイトルの付いた大作で、これをはじめとして地中海神話からモチーフを得た作品が多いようでした。みんな明るくおおらかな作風のものです。生命力にあふれたユーモラスな絵を見ていると、童心が呼び覚まされるようで、気持ちがだんだんなごんできます。

陶製の作品もたくさん展示されていました。陶板に魚、鳥、あるいは人面などが、自由奔放に描かれています。こちらもやはり楽しい作品ばかりです。平和と自由の回復をどれほどピカソが喜んだのか、思いがストレートに伝わってくるようです。これらはアンティーブの近くにある、陶芸の街ヴァロリスで制作されたそうです。

そのヴァロリスにいたピカソを、わざわざあの北大路魯山人（きたおおじろさんじん）が訪ねています。昭和三十年頃の話です。道案内したのは、戦前から長くパリに住んでいた画家の関口俊吾という人です。魯山人はピカソより二歳ほど年下でしたが、並ぶとピカソが貧弱に見えるほど上背もあり、恰幅（かっぷく）も良く堂々としていたそうです。ふたりの対面の様子は、関口の随筆『パリの水の味』の中にユーモラスに書かれています。

「魯山人はピカソの陶芸作品を評価していなかったんだよね」

「あ、そうなの。どうして？」

「自分で土をこねて陶板をつくらずに、他人の手になる陶板にただ絵付けして、それを焼いただけだから、と言うんだ」

「ふ〜ん。もっともな気もするかな」

奇才と鬼才、両雄並び立たず、といったところだったのかしら。はたしてどちらが奇才で、どちらが鬼才だったのでしょう。いや、ピカソは天才でしたっけ？

城を去るときに、ピカソは制作した作品を、永久貸与というかたちで残していきました。永久貸与だから譲ったようなものでしょうね。ずっと後の一九六六年、アンティーブ市は博物館をほかに移し、代わりにこの美術館を開設したのです。世界初のピカソ美術館が誕生したとき、ピカソ自身は健在で八十五歳でした。亡くなったのはその七年後です。

見学を終えると、みんな一階のテラスに出て行きます。海の絶景を眺めるためです。眩暈（めまい）がしそうなそうなくらい雄大な海原です。「ピカソはこの眺めを楽しみながら創作に励んでたのね」「これを目当てに美術館に来てもいいくらいだな」。

あれは土曜日のことでした。いつもより遅く九時過ぎに買い物に出て、まずはカフェに寄りました。注文したのはショコラショー（ホットショコラ）ですが、べつに秋気を感じて温かいものにしたというわけではありません。入口脇の席があいていたので、並んでそこに腰かけました。スポン！　スポン！　手慣れた調子で、青年がワインの栓をまとめて抜き始めました。

はす向かいの席に見かけないカップルがいます。旅行者のようです。ふたりとも五十代の末くらいでしょうか。身なりはきちんとしているけれど、堅苦しい雰囲気ではありません。ニコニコ愛嬌のいいマダムと目が合うと、こちらの胸のあたりを指さして、何やら声をかけてきました。

「失礼ですけど、そのシャツ面白いデザインですね」

「あ、これですか……プラハで買ったものです」

「カフカがお好きなのですか？」

この日着ていたのは、三年前、東欧を旅行したときに手に入れた黒地のTシャツでした。シルクハットをかぶった黒いコートの人物が、ステッキ片手に石畳の道を行く後ろ姿が、胸のところに大きく描かれています。チャップリン扮する紳士に似ていますが、上にFranz Kafkaの文字が入っています。

フランツ・カフカは、チェコの首都プラハにうまれたユダヤ人です。市内の保険局で勤勉に働きながら、かたわら小説を書き続けていましたが、肺結核などをわずらったため、四十歳そこそこの若さで亡くなってしまいました。百年ほど前のことです。代表作の一つに『変身』という小説があって、学生時代に挑戦してみたところ、まるきり珍紛漢紛（ちんぷんかんぷん）だったのをおぼえています。

プラハの市内を流れる大きな川がヴルタヴァ川。カレル橋という古い橋があって、ずいぶんな観光名所になっています。その近く、川のほとりにカフカの記念館があります。シャツはそこで買ったものでした。シャツの絵柄に興味を示して、声までかけてきた人は、外国でもこのマダムひとりだけです。

見ず知らずの外国人にも気軽に話しかける。なかなかこれも真似のできないことです。ウイットに富んでいそうなマダムは、きっと旅慣れてもいるのでしょう。ふたりはカナダのケベック州から来たと言っていました。フランス系住民の多い土地だと聞いています。

市場（マルシェ）で買い物をしたあと、クレマンソー通りの焼き鳥（ローストチキン）のお店に回りました。カフェに行く前に寄って、焼き鳥（ハーフサイズ）を注文しておいたのです。テイクアウト専門の屋台みたいなお店で、八時から十三時までしかやっていません。体格がよくてひげ面の、それでいて人のよさそうな四十歳くらいの男性と、若い女性のふたりがいつも店にいました。

初めてこのお店に寄った日、「焼きあがるまで一時間待ちです」と言われて、そのときもハーフサイズのものを注文しておいて、カフェと市場(マルシェ)で時間をつぶしてきました。ふわっとした食感が気に入りました。東京に帰ってしまうと、近くにこういうお店がないので、ローストチキンを食べることはめったにありません。だからリピーターになりました。付け合わせのポテトが、好みの揚げ物でなくて、ゆでたものだったのが、一つ気に入りませんでしたけれど。

昼寝のあと、ソファに寝そべってガイドブックの拾い読みを始めました。小さな旅で行く予定の街について、メモを取りながら情報をチェックしていきます。これも楽しいひとときです。知らない土地に遊びに行くときって、どうしてこう胸がときめくのでしょうか？　年を取っても同じようですね。

「あれ、何だろう？」。

下の小路が騒がしくなってきました。そっと窓を開けて覗いてみますと。画家のマダムのところで、どうやら食事会の準備をしているようです。路上に並べたテーブルに、皿に盛った料理が次々と運ばれています。二十人あまりのホームパーティのようです。マダムの誕生会かもしれません。いつも黙々と絵筆を手にしているマダムが、珍しく楽しそうにおしゃべりしています。ここはめったに車も通らない裏小路です。住民が路上でパーティなど開いていても、どこからも苦情など来ないのでしょう。

陽が落ち始めた頃になってから、二度目の買い物に出かけた日もあります。行先は、あのコインランドリーの近くにある中華惣菜店です。けっこう広い店内に、数人の若い男の店員さんがいます。初めて寄った日、「中国から？」と訊いてみたら、答えは「ヴェトナム」でした。

三度目になるこの日は、酢豚と餃子、それに炒飯を買って帰りました。薄味の白い炒飯は絶品です。サラッとした上品な舌触りで、胃ももたれません。揚げ物などもなかなかいけます。ヨーロッパに来たときは、洋食と和食のあいまに、時どき中華料理をはさむと、目先が変わっていいものです。

商店街が夜の装いに変わってきました。ウインドウショッピングだったら、昼間よりも夜のほうが楽しめそうです。レピュブリック通りにあるトリュフの専門店に、いま二、三人の客が入って行きました。小さなお店ですけど、敷居が高くて私たちは入ったことがありません。ショウウインドウの中の白と黒、二つの特大トリュフをじっと眺めては、「どんな香りがするのかなあ？」と指を咥えているだけです。

ナショナル広場にも照明がともっています。周辺のレストランやカフェが、早くも夜のにぎわいを見せ始めていますが、田舎の街のせいでしょうか、夕食の時間は案外早いように思いました。もっとも、私たちはと言えば、暗くなってからの外出は控えていたので、アンティーブの夜の街を歩くことはほとんどありませんでした。

「あ！　見てあれ、すごい」

市場（マルシェ）の様子がいつもと違います。いや、一変しています。内部から煌々（こうこう）とした照明をうけ、夜空に屋根が浮き上がっています。昼間よりもずっと見栄えがよく、個性的な姿がいっそう浮彫りになっています。正面のLe Marché Provençalの文字もくっきり見えます。屋根と柱しかない建物ゆえの照明効果でしょうか。知りませんでしたよ、市場（マルシェ）が二つの顔を持っているなんて。

場内には、朝市とはまったく別の種類のお店が並んでいます。売られているのは食品ではなく、かたちも色も様々なガラスや陶器の工芸品です。とくにフィギュアが中心のようです。ペーソスを漂わせたピエロや大道芸人、ユーモアたっぷりのニワトリやウサギなど……あざやかな青と黄がうまく溶けあった、大柄のガラスの花瓶が目に止まりました。いびつに造形されています。ハンチングの若い男性がそばにいるので、

「どこでつくってるんですか？」

「ビオです。もう行かれましたか？　バスで簡単に行けますよ」

ビオというのは、アンティーブ近郊の山の村で、ガラス工芸が盛んなことで知られていま

す。そうか、アンティーブだけでなく、周辺のビオやヴァロリスなどからも、陶芸家やガラス工芸家がここに来ているのです。

作家さんとお客さん、作家さん同士、お客さん同士が、あちらこちらで話し込んでいます。作品を批評し合っているのか、芸術談義に花を咲かせているのか、気楽な雑談に興じているのか、なごやかでみんな楽しそうです。時間外の夜になると、食料品の市場をアートシーンに切り替えてしまう。やはりこの街の人には遊び心があるみたいです。

日々の暮らしを静かに楽しむ。そこにこそ生きる喜びを感じる。派手なことは好まない。アンティーブのそういうところに芸術家も惹かれているみたいです。街にはギャラリーや工房もたくさん見られます。渋くて粋(いき)な大人の街。個性がなさそうで味のある街。アンティーブの土地柄というのは、たぶんそういうものかと思います。

匂いの聖地――グラースは香水の都

初めて紺碧海岸（コート・ダジュール）を訪ねてみた六年前、滞在していたマントンから足を延ばして、《香水の都》と呼ばれるグラースに行ってみました。ほっこりとした山里にありながら、とても洗練された華やかな小都市で、フランス一の香水の産地として有名なのだと聞いていました。マントンから近場ではなかったのですが、乗り換えなしに列車で行けるとわかったので、一日つぶして行ってみました。

乗ったのはジェノヴァからやって来たグラース行きの鈍行列車でした。途中で急行に乗り換えるのも面倒だったので、そのままのんびり海岸線を南へ下って行きました。だいぶ乗ったなあと思った頃に、列車がカンヌを過ぎたあたりから、風景が海辺のそれから山の手のものに変わっていきました。けっきょく終点のグラースまで二時間かかりました。

田園の中にポツンと駅が置かれています。でも、寂しいなんて感じは全然ありません。のどかな風景に囲まれていて、光も緑もいっぱいです。プラットホームに立つとぐっと背伸びをして、清々しい初夏の山里の空気を吸いこみました。降りた客はあまりいなかったみたいです。

目の前に坂があります。市街地はその先にあるのでしょう。なだらかでも距離はありそうです。駅と街の中心がかけ離れているというのは、ヨーロッパでは珍しいことではありません。タクシーもいないみたいなので、一汗かくしかないかなあ、と腹を決めて一歩踏み出したら、バスが坂道を下ってくるのが見えました。

　街は小高い丘にひろがっています。陽当り満点です。見るからにおしゃれな感じですが、装飾のない今風の街ではありません。魅惑的な潤いをたたえた古風な街です。十八世紀につくられたという、軽やかで優美なロココ調の建物がつらなっています。グラースが伝説的な《香水の都》に出世したのも同じ時代のことでした。

　ところが、遠く中世にまで遡(さかのぼ)ると、グラースは香水とは縁のない土地でした。皮鞣(なめ)しと皮加工、つまり皮革産業を生業(なりわい)にしていたのです。街をおおっていたのは、馥郁(ふくいく)とした香気ではなくて、皮を鞣すときの鼻を衝く悪臭でした。製品からも臭いがぬけなくて、それを嫌う客も多かったそうです。

「そうしたら、ハーブで臭いを消す技術を開発した人がいたんだって」

「ふ〜ん。いつごろのこと?」

「十六世紀かな。この辺の山には、昔からいろんなハーブが自生しているのよ。ラヴェンダー、ミモザ、ローズ、ジャスミン……」

臭いの消えた製品のうちで、いちばんヒットしたのが手袋でした。街は大いに潤ったでしょう。かと言って街が悪臭から解放されたわけではありません。皮を鞣す仕事は相変わらず続いていたからです。しばらくすると、グラースの製品は、ほかの産地との競争に押されてだんだん売れなくなってきました。

すると今度は、香水の製造に専念する業者が現れました。街にとっては、言わば救世主です。彼らは、ハーブの栽培法とエッセンシャルオイルの抽出技術に磨きをかけました。苦心の汗がどれくらい流されたのでしょうか。苦労はやがて報われて、グラースの香水は国の内外で評判を高めていきました。皮革の街から香水の街へ。グラースは大きな変身を遂げたのです。悪臭芬々（ふんぷん）だった街は、うっとりする香気に包まれた《匂いの聖地》にうまれ変わりました。

わりと最近のもので、『香水―ある人殺しの物語』という小説があります。十八世紀のパリの香水調合師たちの、いかにもマニアックな世界を興味深く描いています。グラースも登場します。（パトリック・ジュースキント『香水』文春文庫）

《ジュゼッペ・バルディーニはこの街（グラースのこと）の名前を口にするとき、夢みるような目つきをしたものだ。匂いの聖地だと言った。香水調合師にとって約束の地であって、ここで名を成してこそ押しも押されもしない名手たるもの。》

「フラゴナール、ガリマール、それにモリナールというのが、いまのグラースでは三大香水メーカーとして有名なのよ」

「ふ〜ん。似たような名前に聞こえるけど」

「そのうちのガリマール社というのが、ハーブを使って革の臭いを消す方法を編み出したらしいの」

でも、私たちが訪問したのは、ガリマール社でなくてフラゴナール社の香水工場・美術館でした。降りたバス停のすぐ前にある、三階建てのオレンジ色の建物がそれでした。これもやはり十八世紀のものだそうです。香水メーカーらしい艶美な装いで客を迎えています。フラゴナール社が香水の製造を始めたのは二百年あまり前です。

最初に入ったのは美術品の展示室でした。世界の香水には数千年もの歴史があるそうです。それをたどる珍しい遺物、おしゃれな意匠の香水瓶、贅を尽くした化粧道具、そういったものがたくさん展示されています。会社のコレクションなのでしょうが、どれも見るからに逸品ばかりです。ルネ・ラリックの香水瓶もあったかもしれませんが、これはうっかり見落としてしまいました。小さな容器のデザインにこれほど凝ったというのは、中身の価値が法外に高かったからでしょう。

つづいて香水の製造工程の見学に加わりました。女性館員のガイドによるものです。抽出装置は人工的、化学的な姿をしていますが、大がかりなものではありません。ほんの一滴が驚くほどの値打ちを持つのが香水ですから、これはまあ当然のことだと思いました。

いまは五月です。この時季に満開を迎えるローズ（薔薇(ばら)）は、グラースの香水の材料の中でも、最高の品質と言われているそうです。と言うのも、一つの花に百種類もの香りの分子が含まれているからです。花の香りがいちばん際立つのが早朝で、摘み取られた花弁(はなびら)は素早く抽出器にかけられます。だいたい百ミリリットルの香りのエキスを取るには、なんと百キログラムもの花弁が必要なのだそうです。香水が高価なわけです。

新感覚派の作家と言われた川端康成の、若い頃の作品の中に「抒情歌」という小説があります。短編です。そこにこんな言葉が出て来ます。

《西洋の香水というものは強い現世の香がいたします》

現世（げんせ・げんせい）とは「この世」のことですから、対置される言葉は前世（ぜんせ・ぜんせい）や来世（らいせ・らいせい）でしょうか。ヨーロッパの香水と違って、日本の香水はこの世ならぬ香りがする。そんなふうに川端は思っていたようです。文豪の言う東西の香りの違いって、実際どんなものなのでしょうか。香水というのも奥の深い嗜好品のようです。

館内には家族連れもたくさん来ていて、大人といっしょに子どもたちが興味深そうに見学していました。たぶん日本では体験できそうもない見学だったので、私たちも貴重な機会を持てて満足できました。ショップコーナーには、香水、オーデコロン、石鹸など、女性が手を伸ばしたくなるものが、選り取り見取り用意されていました。プロヴァンス産のハーブをブレンドしたという《エルプ・ドゥ・プロヴァンス》と、大好きな石鹸をいくつか買って外に出ました。


あとは気ままな街歩きです。まずは近くの小路に入って行きました。香水や香草を商うお店がここにもあそこにもあります。みんなディスプレイがおしゃれです。巡り歩いているうちに立派な教会の前に出ました。大聖堂です。パリのノートルダムもそうですが、大聖堂にはごつごつとした厳い造りのものが多いみたいです。かつては要塞を兼ねていたからとのことです。入ってみました。

「あのキリストの絵はフラゴナールの作品らしいわね」

「うん。貴族趣味の官能的な絵で知られるロココ時代の画家だろ」

「グラースの出身なんだって。家は皮手袋の製造業者だったみたい」

もう少し先まで行ってみると、今度は中世風の広場に出ました。昔はこの辺が街の中心だったのかもしれません。皮革産業が盛んだった時代には、ここに小さな運河が流れていたそうです。皮鞣しの作業には水が欠かせなかったのか、あるいは物を運ぶのに運河を使っていたのか。もし一筋の運河が残っていたら、街の風情もまた一味違うものだったでしょう。ちょっと残念な気がしました。

事務所みたいな建物の前に、黒い背広の男たちが集まっています。ドアには見覚えのある人物のポスターが。サルコジ大統領です。実はフランスは大統領選挙戦の真っ最中でした。ここは現職のニコラ・サルコジ氏の選挙事務所で、見かけは日本のそれとよく似ていました。ちなみに、「サルコジ」という名前ですが、こちらでは「サコジ」と発音されていました。接戦を制したのは、サコジ氏ではなくて、対立候補のオランド氏でした。

古代風の大きな石造りの噴水のまわりに、たくさんのオープンカフェが集まっている通りに出ました。木陰も多くてなかなかいい雰囲気です。適当にお店を選んで席に案内してもらい、ここでランチタイムにしました。ウエイトレスが勧めるのはスペイン料理のパエリアでした。「どうして?」と思いましたが、パエリヤを注文して白ワインを持ってきてもらいました。

「スペインっていうと、大晦日(おおみそか)の晩を思い出すわね」

「アルハンブラ宮殿のあるグラナダのホテルだったかな、あれは」

「ディナーパーティの食卓に、ブドウの実が用意されていて。どうしてって、まわりの人に訊いたら、年越しの晩にブドウの実を食べるのが、スペインの習わしなんだって……」

「そうそう、十二粒ずつね」

二十一世紀のいまでも、パリの香水調香師の多くは、グラースで技を磨いた人たちとのことです。日本から修業や研修に来ている女性もいると聞きました。《香水の都》《匂いの聖地》は健在なのです。グラースはどこか浮世離れのした異色の街でした。

蚤の市で出逢った牧場の少女

散歩がてらぶらっと楽しむのに、骨董市というのはもってこいの催し物です。フランスでもこれが盛んで、蚤（のみ）の市と呼ばれています。パリの街はずれには、クリニャンクールなど有名な蚤の市があります。嬉しいことに、アンティーブでもよくこれが開かれていました。楽しい露店の市です。

その日は、陽ざしもまだやわらかな午前中のうちに出かけました。メインの会場があるのは旧市街の真ん中にあるナショナル広場です。出店数は四十軒そこそこの田舎街の蚤の市です。お客さんはいつもばらなので気ままにゆっくり見て回れます。青空の下ということもあって、のびのび感も満点です。このくらいの規模の市というのが疲れなくていいです。

美術品、工芸品、絵画、衣装、宝石、アクセサリー、鞄、雑貨、いろんなものが売られています。中でも目立っているのが照明器具です。色彩豊かなガラスの器物が、初秋の日をうけて美しく輝いています。天井からつるすランプとかシャンデリア、そういうものに斬新なデザインの製品が多いみたいです。手を伸ばしかけた品もいくつかありました。でも、どれもみな嵩があり過ぎて、とても日本に持ち帰れそうもありません。

実はこの日、気にかけている物が一つありました。先週ここに来たとき、

「ねえ、あそこにあるお皿、年代物じゃない？」

「どれ。あ〜あれ。けっこう古そうだなあ。五六枚あるみたいだけど、かたちも絵付けもバラバラだな」

「あのお皿がいいわ。女の子と山羊が描かれている、牧場のあれ」

しばらく遠くから品定めしていましたが、手に取ってみるまでには至りませんでした。今日はその皿を売っていたお店に直行しました。でも、お店は前回と同じ場所に出ています。あの皿たちはどうしたかしら？　やはり無造作に置かれたままです。一枚も売れていないようでしたが……あれ、あの一枚がない!?

「え〜売れちゃったの、まさか」「やっぱりためらっちゃだめだなあ」。いっぺんにあきらめムードです。こういうことはよくあります。思わず肩を落として、「う〜ん」と言いながら、少し近づいて目を凝らしてみました。すると、あるではないですか、あの皿が。片割れの下に半分隠れていたのです。「あった、あった」とつぶやきながら、さらに一歩近づいていって、主人にこそっとあいさつしてから、片割れをどかして皿を手に取ってみました。

直径が二十センチほどの、見るからに時代物の中皿でした。見込みのところに、青い四角の枠が引かれ、その中に牧場の柵（さく）の前に立つ少女と二頭の山羊が描かれています。白い頭巾をかぶった横顔の、十代なかばくらいの少女は、半そでの白いブラウスに赤のロングスカート、それにブルーのエプロンを身に着けています。自分の背よりもずっと丈（たけ）のある、牧童が使う棒を片手ににぎっています。稚拙な絵のようですが、小さな枠の中にていねいに手描きされています。

　このまま少女向けの小説の表紙にでもなりそうな絵です。もうずいぶん前のことですが、たしか『牧場の少女カトリ』とかいうアニメを、テレビで放送していたことがあったと思います。見ていたわけでもないので、ほとんどタイトルしか記憶にありませんが、皿の絵を見ていてふと思い出しました。

　枠の外側を彩るのはかわいい草花紋（そうかもん）で、そこには天使と不思議な人面が一つずつ埋め込まれています。全体の色調は黄色が主体ですが、アクセントに青と緑が添えられています。いい味わいです。店主は何も声をかけてきません。年の頃は五十歳くらいの、何となく口数の少なそうな男性です。

「ボンジュール、ムッシュウ。いつごろのものかしら、これ？」

「ボンジュール、マダム。十八世紀です。フランスのものです」

表面を指でそっとなでてみました。古い時代の皿によくある、ざらつきを感じます。手づくり感も経年感も十分です。裏に壁掛け用の金具が付いていて、それも錆びついています。皿の古さをいっそう感じさせます。高級品ではないでしょうが、かと言って普段使いの雑器でもないようです。家族の集う居間や食堂の壁に掛けられ、長く大切にされてきたのではないか。そんな感じがします。

「おいくらかしら？」

「四十五ユーロです」

「……」

「四十ユーロでいいですよ、マダム」

値引きの交渉に入らないうちに負けてくれました。五千円ちょっとです。年代物で無傷の品なのだから、まあけっして高くはないでしょう。東京の市でこんなふうな皿を見たおぼえはありません。その意味では掘り出し物です。アンティーブ滞在の記念にもなりそうだし。

というわけで、牧場の少女は私たちといっしょに日本に渡ることになりました。いまは我が家の玄関で、たまに見えるお客さんのお迎えをしてくれています。

どこかでランチを食べて帰ろうと、市場（マルシェ）の近くのオーベルノン通りにあるカフェに行ってみました。ここのマスターは、はっきり言って愛想がありません。そのくせお店はいつもにぎわっています。路上のテント下の席に腰を下ろすと、「ボンジュール、マダム」と、若いウエイトレスが注文を取りに来ました。「ボンジュール、マドマゼール」「どうぞメニューです、マダム」「ロゼを二つちょうだい」。

《旅先の昼酒ほどうまいものはない》。どなたの言葉だったでしょうか。素直に共感できます。真夏のランチタイムに、レストランで食事をとりながらふたりで白ワインのボトルを空にして、お腹いっぱいになってお店を出たところ、めまいを起こしそうな熱風に取り巻かれ、あわてて近くの古い教会に逃げ込み、涼しい暗がりのベンチに横になって……ふたりでボトル一本なんて、いまではとても無理な話で、ワインはいつもグラスで注文しています。

「ガレットがあるわ」

「ふ〜ん。この前食べたのはいつだった？」

「神泉の駅の近くで……あれはいつだったかなあ？」

ウエイトレスがワインを持ってきたので、ハムと卵を包んだ定番のガレットを二枚注文しました。

「もともとは、ノルマンディーやブルターニュのものなんだろ、ガレットって」

「そうね。何千年も前から食べられていたんだって」

「ということは、そんな昔からフランスでもソバを栽培していたんだ」

「あの辺は湿度が高くて小麦がとれないから、代わりにソバを育てて粉に挽いて、パンじゃなくてガレットを焼くようになったらしいわよ」

「日本ではソバの粉から麺を打って、ゆでるようになったんだけどね」

「リンゴ酒(シードル)を飲みながらガレットを食べる。それがあの辺の習慣らしいわよ」

運ばれてきた大判のガレットは、もっちりとした生地のものでした。ちょっとピザに似ていました。もっと薄手のパリっとした食感のものを期待していたので、少しばかりがっかりです。でも、中に包まれたハムは、塩味も適当で上々の味です。

近くのテーブルに、OLふうの若い女性がふたりでやって来ました。注文したのはやはりガレットです。彼女たちが生ビールで乾杯した頃、私たちのグラスには、ほんの少しばかりですが、二杯目のワインがまだ残っていました。

石鹸の専門店や焼き鳥屋(ローストチキン)があるクレマンソー通りは、小劇場の脇の角で終わりです。その先はレピュブリック通りと名前が変わり、なぜか唐突に人通りが多くなります。片側には、赤い花を咲かせた背の低い並木が続き、それに沿って大きな広場があります。それが蚤の市の開かれる《ナショナル広場》で、周辺にほどよい開放感を与えています。反対側はというと、こちらはパン屋、雑貨屋、衣料品店、靴屋などが並ぶ商店街です。この通りも車を気にせずのんきに歩くことができます。

　広場を過ぎると、カフェ、レストラン、スーパー、缶詰屋、リカーショップ、トリュフの専門店、チョコレート屋、ブティック、靴屋、かばん屋……個性的ではあるけれど、嫌味も派手さもないお店が次々に登場します。メリーゴーラウンドのある小公園もあります。旧市街の中ではいちばんにぎやかなのがこの辺です。

　ここにお気に入りのお店が一つありました。ちょっと高級感のある惣菜店ですが、いつもお客さんがいっぱいいるので、入りにくいことはありません。ショウウインドウや食品ケースには、サラダ、グラタン、マカロニ、キッシュ、コロッケ、ハンバーグ、ローストビーフ……色とりどりのお惣菜が、まるで春の花壇のようにディスプレイされています。

「フォアグラのテリーヌがあるわ」

「うん。パリの惣菜屋で買ったことがあったかな。ブダペストのレストランで食べたのは、あれはふわっとしたソテーだったけど」

「ハンガリーもフォアグラの産地だから」

　知的な顔立ちをしたふたりのマダムがにこやかに接客しています。よく似ているのでたぶん姉妹でしょう。どちらも店員さんという感じではありません。イタリア、フランス、スペイン、ポルトガルなど南ヨーロッパの国では、いまでも家族や同族でやっているお店が多いと聞いています。アンティーブの商店もだいたいそんな雰囲気です。

「ボンジュール」「ボンジュール、マダム。すみません、あれをください」

「ええと、どちらにします?」「小さいほうです」

「ほかには何か?」「あちらのサラダを二百グラム」

パックにつめてもらったのは、《豚肉のリヨン風煮物》というのと、色あざやかな人参のサラダです。リヨンは「食の都」として有名ですが、行ったことがありません。それでリヨン風のお惣菜でも食べてみようか、ということになったのです。

向かい側にかばん屋さんがあります。扱っているのはおもに籐製品です。デザイン、スタイル、色合いなど、おしゃれなものが多く、素朴な民芸品といったふうではありません。アンティーブの街の奥様たちは、ちょっとした外出には籐製品を愛用しているそうです。なにしろ籐製品は街の特産品なのだそうです。「へ~、そうなんだ」という感じがしました。

近くには《美食の館》という名のお店があります。ネーミングのすごさに思わず笑ってしまいます。ウインドウにキャラメルのポスターが貼ってあるスイーツのお店です。おだやかなオレンジ系の装いをした建物で、いかにも南仏らしいお店という気もしました。同じ並びには《スイーツの宮殿》(一九二一年創業)というお店もあります。うそじゃないですよ。

お店の名前については前から興味をおぼえていました。それで、適当にお店の名前をメモしておいて、辞書を引いて日本語に訳してみたりしました。かつてパリ市内には、《豚脚亭》《煙草を吸う犬》《恋する獅子》……そんな奇妙な名前のお店があったらしいです。豚脚亭は豚足亭と似ているから、日本人でもなじめそうな気もしなくはないですけど。

「フランスにもシャッター通りってあるのかしら？」

「どうかなあ……あっても日本ほどひどくはないだろう。フランスでは、商売をやめて空き店舗のままにしておくと、高い税金を取られるらしいよ」

「ああそうか。そうやってお店の新陳代謝をうながしてるのね」

「中心部に車が入るのを規制している街も多いみたいだし」

「それはいいわね。安心して街歩きも買い物もできるから」

「路上のオープンカフェも盛んになるしね。あれって道路の使用料は払うらしいよ、街に」

聞くところによると、フランスのカフェでは席が三つに分類されているそうです。テラスと店内とカウンターです。席によって飲み物の値段が異なり、いちばん高いのがテラス席です。これは私たちの大好きな屋外の席のことです。次が店内の座席で、いちばん安いのは立ち飲みのカウンター席ということです。どのくらい値段が違うのかは知りません。

布製の黄色いブラインドに《金の穂》と記したお店の前で足を止めました。穂は稲穂ではなくて麦の穂のことでしょう。こんがりとした焼き菓子、すました顔で整列しているショートケーキ、メルヘンチックな缶に詰められたクッキー……ショウウインドウに商品がにぎやかに勢ぞろいしています。

店内にも、シュークリーム、デコレーションケーキ、ナッツのつまったヌガーなどが、所せましと置かれています。チョコレートの箱が並べられた横には、ピンクのリボンでむすばれた袋の山もあります。中身は何なのでしょう。ほのかな甘い香りに鼻がくすぐられます。ハーブの香りもまじっているみたいです。もちろん初めて見るお菓子もたくさんあります。

迷ったすえに手に取ったのは、またしてもエクレアでした。「どこで買ってもエクレアはおいしいもの」。言いわけしながらレジへ。フランスのエクレアは重量感があります。これが何よりの魅力です。それに、大好きなチョコレートが、たっぷりとろりとかかっています。ほろ苦いチョコレートと、中身の甘いシュークリームとが、口の中で「ジュワ〜」と混じりあって、そのおいしさといったら……

川のない街—カンヌの下町、魚のスープ

カンヌに行ってみました。でも、とくに見たいものがあったわけではありません。国際映画祭の街。それしか思い浮かぶものがなかったのです。芸術家ゆかりの場所とか、個性的な美術館とか、そういうものはなさそうでした。それに、いまは映画祭の季節でもなくて……それでも、小さな旅からカンヌをはずしてしまう、そんなわけにはいきませんでした。これが三つ目の小さな旅です。

カンヌはアンティーブよりほんの少し南にあります。電車で十分かそこらで着いてしまいました。「こんなに近いんだ!」。やっぱりたくさんの乗客が降りました。観光案内所に寄って地図をもらってから、駅前の広い道路を渡ってみると、街の中華屋風のお店が並んでいました。これは意外でした。湾岸を目指して歩くシックな雰囲気のビル街には、しっとりした朝の空気がまだ残っているようです。車も人も少なくて休日みたいな感じです。今日は水曜日ですけど。

赤い日よけテントを張ったパティスリーの前で足を止めました。街角にあるいい感じの大きなお店です。四、五人のお客さんが中にいます。値段はわりと手ごろなようだし、外で喫茶できるみたいなので、ここでしばらく時間をつぶすことにしました。選んだケーキはオペラにモンブラン、それに紅茶を注文して勘定をすませ、歩道にセットされた席に着きました。隣では男性の先客がおいしそうなオムレツを食べています。

「ヨーロッパの若い女性ってさっそうと歩くのね」

「うん。あごを引いて気持ちよくね」

向かい側の歩道を若い女性がふたり、おしゃべりしながら速足で行きます。モデルさんかなあ。ファッション誌からぬけ出して来たみたいです。さすがここはカンヌなのかな。

「オペラはやっぱりちょっと高いけど、おいしいわ」

「それって歌劇のオペラと関係あるの？」

「さあ、どうかな？　この断面の層を揃えるのが大変みたい」

少々ぜいたくな時間が流れています。紅茶もケーキもおいしくて、通りをぬけていく風はさわやかだし。こんなふうに洗練された通りは、残念だけどアンティーブにはありません。カンヌならではのものかもしれません。そんな気がしました。

湾岸に沿った広い道路が、カンヌ一の目抜きの通りで、名前をクロワゼット大通りと言います。ビル街をあとにして行ってみると、いっぺんに視界が開けて、街の様子がガラッと変わりました。華麗な雰囲気に包まれてまぶしいくらいです。湾はとても小さなものです。それでも遊歩道があります。もちろんヨットハーバー、ビーチ、白いパラソルのカフェなども。

この大通りでは、花の朝市が毎日のように開かれ、春のミモザの花市などは世界的にも有名とのことです。だいたいヨーロッパでは、枝もたわわに咲く黄色いミモザの花は、待ち望んだ春の訪れを象徴しているのだとか。ニースの郊外では花の栽培が盛んだそうですが、アンティーブもそうらしいです。紺碧海岸（コート・ダジュール）ってそういう土地柄なのかもしれません。

こんなふうにすこぶる華やかなカンヌの街ですが、もとはといえばありきたりの漁村だったみたいです。いつごろからこのように変貌してきたのかというと、こんな話が伝えられています。十九世紀のイギリスに、ヘンリー・ブルームという大物政治家がいました。大法官という位にまでのぼりつめたこの人は、日ごろ一頭立ての四輪馬車を愛用していました。そのことから、世間では同じタイプの馬車のことを、《ブルーム型》と呼んだそうです。

ある年、そのブルーム氏が保養のためニースにやって来ました。ところが、折悪（おりあ）しくコレラが流行していて街に入れず、やむなく近くの漁村に宿をとることになりました。しばらく逗留（とうりゅう）しているうちに、すっかり気に入ったらしく、そこに別荘を建てることになりました。その漁村こそカンヌでした。一八三四年の話だそうです。カンヌのリゾート開発が始まったのは、これがきっかけだとされています。実際、南仏の海岸を訪れるイギリス人は、その頃からふえてきたのです。

先ほどから目を奪われている建物があります。市庁舎をはじめ、マジェスティック、カールトン、マルティネスなどの一流ホテルで、豪華（ゴージャス）とはこういうものだという感じです。こんな建物はもう建てられないでしょうから、ほんとうに貴重な存在だと思います。

この街は宝物を詰めこんだ部屋みたいです。紺碧海岸（コート・ダジュール）の街の中ではいちばんファッショナブルかもしれません。まだニースを見ていませんけど。白砂のビーチ、ヨットハーバー、白いパラソルの行列、波止場のカフェ、背後に控える低くてなだらかな丘陵……なるほど、国際映画祭を催すにはうってつけの街かもしれないと、正直いまはそう思います。

現代的に意匠を凝らした大きな建物が見えます。パレ・デ・フェスティバル・エ・デ・コングレです。《イヴェント兼会議用公共施設》ということでしょう。赤いジュータンを敷いて国際映画祭が開かれるのもここです。毎年五月に開かれています。開会中は、出品作の審査表彰だけでなく、フィルムの見本市などもあって、世界中から監督、俳優、プロデューサー、バイヤー、マスコミ関係者などが集まるそうです。街は映画祭一色に染まるのでしょう。

「日本映画初のグランプリ受賞作は《地獄門》だったわね」

「うん。監督が衣笠貞之助（きぬがさていのすけ）。長谷川一夫と京マチ子の共演で、平安朝の色彩を再現したというみごとな極彩色の映画で……」

「日本ではあれが初めてだったんでしょ、総天然色映画というのは」

「審査委員長がジャン・コクトーだったんだけど、美の極致を表している映画だって、それこそ絶賛したらしいよ」

　同じ時代、ヴェネチアの国際映画祭では、黒澤明監督の《羅生門》が、最高の金獅子賞を獲得していました。パリで開かれた映画関係者の集まりで、ジャン・コクトーは、招待客の黒澤明を目の当たりにすると、「青年の様に目を輝かせて黒沢氏の堂々たる美丈夫振りに見入っていた」そうです。川喜多かしこさんの証言です（『アートシアター』二号・昭和三十七年五月）。コクトーは七十代、黒澤は四十代でした。日本がいちばん輝いていた頃のエピソードです。

　パレ・デ・コングレに近づいて行ってみました。入口のあたりで黒い背広の男性たちがせわしなく動き回っています。何かイヴェントがあるのでしょうか。楽しそうな雰囲気は感じられず、「関係者以外お断り」といった感じです。中に入るのをあっさりあきらめ、レトロな横丁を求めて旧市街に向かうことにしました。

歩道にモップをかけている家具店の主人がいました。旧市街なら市場があるはずなので、「マルシェはどこですか？」と訊いてみました。彼が指さすほうにそれらしい建物が見えました。橙色のどっしりした建物の中で、今日は蚤の市をやっていました。月曜日だからここも朝市は休みで、代わりに蚤の市をやっていたのです。私たちにはかえって好都合でした。

まずは軽く一巡りしてみました。足を止めたくなるような物はなさそうでしたが、一つ気になったのは、隅のほうで中年の男性がふたりでやっているお店でした。粗末な段ボールの箱の中に、品物がガラクタ同然につっこまれています。何があるのかわかりません。見た感じはバッタ屋です。「こういうお店は曲者なんだ」と、腹の中でつぶやきながら、ガラクタの山に分け入ってみることに。

丈が二十センチほどのもので、しっかり肩の張ったガラスの花瓶が出てきました。素通しの胴体に、ごくシンプルな花柄が刻んであります。上等な品ではないけれど、面白みのない大量生産品という感じでもありません。どこにもキズはなく、くすみも見られないので、きっと未使用品でしょう。すっきりした花瓶なので、

「これおいくら？」

訊かれた若いほうの男性は、年上の相棒に確かめてから、指を二本立てて、

「二ユーロ」

「え!?……（二百六十円）」

迷わずゲット。さらに、細かい手編みのリネンの花瓶敷きが、五枚でこちらも二ユーロだというので、これもゲット。どこか投げ売り風です、この店は。やっぱり訳ありの品なのかもしれません。別の箱にも探りを入れてみると、渋味のある古めかしい二、三枚の皿が見えました。「あれはどうかなあ」と思ったら、横からさっと誰かの手が伸びていきました。

落ち着いた感じの年配の婦人です。見た目からするとイギリス人のようでした。こういう時あちらの婦人は素早いんです。あっさり先を越されてしまいました。ちょっとくやしかったけれど、ほかのお店で陶製の小さなミルク壺を手に入れたので、「たまたま寄ったにしてはいい買い物ができたわね」と、それなりごきげんで外に出ました。

しばらく周辺を散歩しているうちに昼時になりました。この日はお目当てのお店がありました。ヴィル・フランシュで初体験した魚のスープ。どこかでぜひもう一度味わってみたいと願っていました。カンヌの旧市街にその専門店があるらしいのです。ガイドブックの情報です。《Le Troquet a Soupes》（ルトロケッタスープ）というのがお店の名です。

ところが、これがなかなか見つかりませんでした。お店を知っている人が全然いないのです。たったひとり、買い物帰りの中年の婦人が、「あの坂道の上にありますよ」と教えてくれました。期待してその坂道（階段）を上って行くと、両側にレストランやカフェが軒を並べ、いいお店がたくさんありそうな雰囲気でした。二、三人の店員さんに訊いてみました。やはり首をかしげるばかりです。とうとう坂をのぼりきってしまいました。

そこは、シュバリエという小山の頂上で、市街を一望にできるポイントでした。近くには十六世紀の大聖堂もあります。この辺がもともとのカンヌの集落だったのかもしれません。一息つきながら、ぼんやり美しい眺めを楽しんでいるうちに、ふと気づいたことがありました。

「カンヌには川がないのね」

「うん。そう言えばアンティーブもマントンも、たぶんニースもそうだよ」

「コート・ダジュールの街って、川が流れてないんだ」

「そうだね。だから大きな街ができなかったんじゃないかな」

そもそも街というのは、海沿いよりも川沿いのほうが発達しやすいようです。世界の大都市はたいてい川沿いに開けています。ロンドン（テムズ川）、パリ（セーヌ川）、ローマ（テヴェーレ川）、ワシントン（ポトマック川）、東京（隅田川）、上海（揚子江）……紺碧海岸（コート・ダジュール）の街は、どこも海には恵まれたけれど、川の恩恵には浴せなかったみたいです。

「コート・ダジュールには世界遺産もないみたいね」

「うん、大きな古代遺跡も壮麗な中世の建築物もなさそうだからなあ」

「百年ちょっと前まで、ほとんど漁村ばかりだったんでしょ」

「いや、入り組んだ海岸が多いので港街が発達したみたいだね。アンティーブもそうみたいだけど」

「それで小粒ながらもおしゃれな街がいくつもできたのね」

　街の大きさというのは、丘や城址から一望できるほどのものがちょうどいい。どこかにそう書いてあったように思います。紺碧海岸（コート・ダジュール）の街はだいたいそんな大きさです。例外はニースくらいなものでしょう、たぶん。

　スープ食堂を探すのはあきらめました。市場（マルシェ）のある界隈（かいわい）のほうに戻って行くと、にぎやかな商店街にぶつかりました。入口には《Meynadier通り》とあります。飲食店などの集まる下町の繁華街のようです。先ほどの坂道のレストラン街とは趣が違います。店先のメニュー板を見ながら歩いていると、若い女性が呼び込みをやっているお店の前に来ました。

「ねえ、これ、魚のスープじゃない？」「え、ああ、そうみたいだね」。ヴィル・フランシュのお店では一皿十五ユーロでしたが、ここでは十ユーロとあります。ずいぶんな差です。あちらは山の手、こちらは下町の相場ということか、それともあちらは庭付きだからか……

　小太りの店主が出てきました。ニコニコと感じのいい人です。リクエストすると、すぐに入口脇の外のテーブルをセットしてくれました。注文を取りに来たのは、呼び込みをやっていた女性で、店主の娘さんのようです。もちろん注文したのは魚のスープで、ワインは娘さんの勧めでハーフボトルの白ワインにしました。

　まわりはみんな観光客みたいですが、見た目からすると中欧や東欧の人が多いようです。

私たちのあとから来て、隣の席に坐った若いカップルは、小声でドイツ語をしゃべりながら、
丹念にメニューを見ています。

「ヨーロッパの人って、じっくりメニューを見るのよねえ」

「うん。あれは日本人にはない習慣だな。すぐに決めちゃうものな、うちなんか」

「それと、こちらの人たちは、お勘定のときにはレシートをジ〜と見ているしね」

　スープといっしょに、今日はガーリックトーストがついてきました。「こうやって食べてくださいね」。娘さんがトーストをスープにひたすしぐさをして、食べ方を教えてくれました。この前、魚のスープを食べたあとでちょっとしらべてみたら、材料にする魚はマトウダイ、ヒメジ、アンコウなどとなっていました。

　このお店の魚スープも上々の風味です。「やっぱりおいしいわ」「うん」。隣のカップルも食べ始めました。男性は魚のスープで、女性のほうはゆでたムール貝です。オランダとかベルギーとか、北方の人たちはムール貝が大好物で、食べる量も半端(はんぱ)ではありません。小さなバケツに一杯って感じの人もいたりします。

「デザートですよ」。カットグラスに注がれた液体が目の前に置かれました。サクランボか

何かのリキュールだそうで、ぷうんとほのかに甘い香りがしました。今日はお目当てのスープ食堂にはたどり着けませんでした。でも、運よく下町の食堂で魚のスープにありつけて、ランチタイムを楽しむことができました。「サヨナラ」「アリガトウ」。お店の娘さんと日本語で声をかけ合ってお別れです。

船着き場を目指してぶらぶら歩き始めました。南国情緒の背の高い棕櫚の並木が見えてきました。この辺はパレ・デ・コングレのあたりとはずいぶん雰囲気が違い、どこかエキゾチックで開放的な空気に包まれています。黒い背広の男性などいません。クリーム色の丸っこい愉快なオープンカーがそばを通って行きました。海辺に並ぶ屋台に山積みされているのは、カラフルな麦わら帽子です。まだまだ陽ざしは夏のものです。

船着き場に行ってみると、サントノラという小島に向かう船が、ちょうど出たところでした。島には古い修道院があって、いまも修道士たちがブドウを栽培し、自家製ワインを造っているそうです。できたら訪ねてみたいと思っていました。でも、次の船はすぐには出ないということです。

「ここからサン・トロペにも行けるらしいけどね」

「ブリジッド・バルドーがいたので有名になった街でしょ」

「うん。人口が五千人もいないんだって」

「ずいぶんおしゃれな街みたいね」

　食後の昼下がり。少しけだるくもあって、ここで船を待つのはどうにもおっくうです。心残りもあったのですが、サントノラにもサン・トロペにも、行くのをあきらめることに。やはりこれも年齢（とし）のせいでしょうか。

「カンヌに来てみてよかったよ」

「やっぱり来てみないとわからないものね」

「うん。もっとつまらない街かと思っていたんだけど」

　帰りの電車では高校生の姿が目立ちました。べつに騒がしくもありませんでしたけれど。私たちは、前の方の座席に並んで腰かけられたので、昔の映画の話などしながら帰りました。

　アンティーブの駅の近く、観光案内所の隣にバイオ食品のお店があります。寄って小袋詰めのコメを買いました。丸い小粒のコメは粘り気があって口に合うので、買うのがこれで三袋目になります。長粒米とは見た目も食感も全然違います。

　実はフランスにも米所（こめどころ）というのがあるのです。南部のローヌ河の河口、三角州にひろがるカマルグ湿原地帯がそれです。ゴッホのいたアルルの近くです。秋にはアルルの街でコメ祭りが開かれ、農産物の収穫市や伝統の闘牛でにぎわうそうです。今年はもう終わったのかどうか……

カフェの息子レイモン・ペイネ

《ヨーロッパの秋は駆け足でやって来る》。そう聞いていました。朝方のテレビの天気予報によれば、ノルマンディやブルターニュなど、北の地方では雨の所が多く、パリも朝の気温が一桁(けた)台に下がったようです。「やっぱりそうなのかしら」と思いましたが、この辺では今日も晴天のようだし、気温も朝が十七度、昼は二十五度近くになるということです。よかった。紺碧海岸(コート・ダジュール)の秋はまだ少し先みたいです。

市場(マルシェ)に行くと魚屋さんに寄ってみました。体格のいい息子さんが、キラキラ輝く太刀魚を並べているところでした。うちでは食べたことがないのですが、ヨーロッパではけっこう人気のある魚のようです。この前はイカを買っていって、日本から持参した醤油で煮物にしました。

今夜はエビの塩ゆでにしようかということになりました。両手を開いて「十(デーズ)」と言うと、息子さんがエビを十四手に取って秤(はかり)にかけ、値段を表示してくれました。ゆでて桜色になったエビをむきながら、冷しておいたロゼで一杯やる。夕食が楽しみです。

漁港もあるくらいなので、アンティーブの魚介の鮮度は上々です。鮮魚店はもちろん市場（マルシェ）以外にもあります。市場（マルシェ）のすぐ脇に一軒、商店街に数軒、どれも常設の店舗で、海鮮レストランを兼業するお店もあります。自炊を楽しむには食材豊富な土地に滞在するのがいいに決まってます。とくに新鮮な魚介類が手に入らないとこまります。アンティーブはその点で合格でした。

このあと今日は予定がありました。ペイネ美術館の見学です。部屋に荷物を置くとすぐに出かけました。美術館はナショナル広場のそばなので、もう何度も前を通ったことがあります。広場にも、ペイネの代表作《恋人たち》のブロンズ像が、ひっそりと立っています。目立ちませんけれど、ふたりはしっかり抱き合っています。

美術館は商店街の建物の一階にあります。派手さがまったくない、と言うか地味すぎるくらいです。ペイネは七十歳頃になって、家族といっしょにパリからアンティーブ近郊の村ビオに移り住んできました。それでここに美術館があるのでしょう。

「入館者のほとんどが日本の女性。そんな時代もあったらしいわよ」

「ああそう。日本の女性が好みそうだものな、ペイネは」

「最近はどうなのかしらね。時代も変わったから……」

レイモン・ペイネは一九〇八年にパリでうまれた人です。つまりパリジャンだったわけです。両親はカフェを営んでいました。息子レイモンは絵を描くのが得意で、経済的に余裕があったのか、両親は息子のやりたいことに理解がありました。レイモンは、美術学校に進学させてもらって、本格的に絵の技法を身に着け、きちんとそこを卒業しました。市内の広告代理店に雇われると、イラストやデザインの仕事を任され、チョコレートの箱や香水瓶などの意匠を手がけたと言います。

そうやって経験を積んだあと、三十代に入った頃にペイネはフリーの漫画家となりました。独立したのです。そして、新聞に挿絵を描くようになると、それが人気を集めたと言いますから、才能もありセンスもよかったのでしょう。ずいぶん順調な船出だったみたいです。

でも、時代の空気のほうは重苦しさを増していました。隣のドイツで狂気の集団ナチスが台頭し、戦争の足音が迫っていたからです。一九三九年、とうとう第二次世界大戦が勃発すると、やがてパリはあっけなくドイツ軍に占領されてしまいました。

その頃のことです。リヨンの南方にある所用で出かけたヴァランスという街で、公園のあずま屋（キオスク）で人を待ちながら、ペイネはスケッチブックに絵を描き始めました。キオスクというのは、ヨーロッパの公園とか広場によくある建物で、屋根と柱だけの野外ステージのことです。アンティーブのナショナル広場にもあります。ちなみに、駅の中や街頭、公園などで新聞雑誌や煙草などを売るお店もキオスクと言います。
その絵には、あずま屋でヴァイオリンを弾くひとりの青年と、それをうっとり見つめる少女が描かれていました。インスピレーションによる想像上の絵でしょうが、モデルは自分たち夫婦だったと、後年ペイネは語っていたとか。やがてこれがペイネ生涯の代表作《恋人たち》となったのです。かわいらしくて、ちょっとエロチックな《恋人たち》は、フランスばかりでなく世界のアイドルになっていきました。

ペイネの両親が、パリでカフェをやっていたことは先ほどふれました。ふたりともフランス中南部の高地オーベルニュの出身でした。地図を見ないとどの辺なのかわかりません。景色のとても美しい所だそうで、中心の街をクレルモンフェランと言います。ローマ法王が、十字軍の結成をヨーロッパ中に呼びかけたのが、ほかならぬこの街でした。一〇九五年のことです。そしてもう一つ。《人間は考える葦(あし)である》。あの有名な言葉を遺したパスカルがこのうまれでした。どうやらただの片田舎ではないみたいです。

ところが、オーベルニュはフランスで最貧の地方とも言われたそうです。山地高地が多くて産業に恵まれなかったのでしょう。毎年、炎暑の夏になると、周辺の低地の村々から、涼と牧草を求めて牧童たちが羊や牛の群れを連れてやって来る、そんな土地だったのです。

いつの頃からか、オーベルニュの村人たちは、遠くパリに出稼ぎに行くようになりました。

セーヌ河岸の石炭荷揚げとか水運びとか、大都会の下積みの仕事に就いて、黙々営々と働いたらしいです。それだけ村の暮らしが、貧しくきびしいものだったのでしょう。

「そうやって働きながら、かせいだ金をしっかりためて、パリ市内で商売を始める人が出てきたんだ」

「そうなの。どんな商売？」

「カフェを開く人がいちばん多かったそうだよ」

玉村豊男さんの著書『パリのカフェをつくった人々』によれば、パリのカフェの営業主のほとんどは、元をただせばオーベルニュ地方の出身だそうです。ということは、ペイネの両親もその中にいたということでしょう。

小さな館内はにぎわっていました。小学生や家族連れがたくさん来ています。初期の頃からの作品、広告、イラスト、原画、ポスター、プライベート写真、あるいは人形のコレクション等々、いろんな展示物が見られます。やはり画集などの絵とは違って、実物ならではの、作品の体温みたいなものも感じとれました。

「大きな鳩に乗って、恋人たちが空を行く絵がいちばん良かったかなあ」

「平和を願っているみたいなあれね」

「ペイネは反ナチの抵抗運動に加わっていたらしいよ」

市場（マルシェ）の脇腹の真ん中辺から、ナショナル広場のほうに伸びる小路があります。途中で少しカーブしているこの通りは、とても狭いのでいっさい車が入れません。いろんなお店が軒を並べる、昔ながらの楽しい商店街です。サド通りと言います。

小路の中ほどに、真っ黒の大きな薬缶（ケトル）のオブジェを、入口の脇に掛けているお店があります。ハーブの香りに包まれた、広くて奥の深い店内では、すっきりした顔立ちをしたもの静かな若い女性が、たいていひとりで店番をしています。わが家では、寝る前にハーブティを飲むので、ここには二度ほどカモミールティを買いに来たことがあります。

その近くのブティックには先日寄りました。今日はショウウインドウに秋冬物が並んでいます。それならばと、気軽にまた入ってみました。婦人用の毛糸の帽子を取り揃えたコーナーがあるので、「あゝ、ちょうどよかったわ」。今度の冬には新しいのが一つほしいと思っていたところでした。

「ボンジュール」。マダムにあいさつしておいてから、鏡の前であれこれかぶっては、気ままに見比べていきました。表がダークグレイで、裏が薄いベージュのものが、いちばん似合っていそうです。ただ、一つ気になるところがありました。てっぺんに毛糸の玉が付いていて、どうもそれが幼稚な気がしたので、

「これ要らないんじゃないかしら」（と、ハサミで玉コロを切り落とすしぐさをすると）

「ノンノン、これがチャームポイントなんですから」

とんでもない、と言わんばかりに、マダムは目をまるくして、「ノンノン」を何度もくりかえします。こちらの言うことなんかまったく聞いてくれません。

「またまた押し切られたね」

「う〜ん、プロ意識が強いから、こちらの人は……」

先日、ほかのお店で毛糸のカーディガンを買ったときもそうでした。そのときは若い店員さんだったけれど、「これからのシーズンはこの色ですよ」と、赤い毛糸で編んだ厚手の品を勧めてけっして譲りません。「もうちょっと地味なのがいいのでは」と内心思いながらも、けっきょくそれを買って帰りました。

帽子の入った小さな袋を提げて、出かける前に目星をつけておいたレストランに夕食を食べに向かいました。場所はレピュブリック通りの近くです。平日なので予約はしませんでした。

「ボンスワ〜」

「ボンスワ〜、マダム……ボンスワア〜、ムッシュウ」

席に案内してくれたのは若いウエイター（ギャルソン？）でした。メニューを見ても、フランス語はできないし、フランス料理にもまるで暗いので、何が書いてあるのか、ほとんどわかりません。そこで今日は注文する料理を決めてきました。《プロヴァンス風牛肉の煮込み》というのがあるらしいので、それにしようということにしていました。

ウエイターがメニューを持って来ると、「これありますか？」と用意したメモを彼に見せました。《Daube de bœuf à la Provençal》と料理の名が書いてあります。

「はいございます、ムッシュウ」

「では、これを二つ、お願いします」

「お飲み物は？」

ロゼをグラスで注文しました。予定通り注文できてまずはほっとしました。地元の客にきちんと向き合っている。そんな感じのするお店です。観光客がそれほどは多くない街ですから、これは当然なのかもしれません。商店街全体にそんな雰囲気が感じられます。

初めて食べる牛肉の煮込みもそうでしょうが、どうやら紺碧海岸（コート・ダジュール）も含めて、プロヴァンス地方の名物料理には大衆的なものが多いみたいです。ブイヤベース、魚スープ、ニース風サラダ、それにイワシの塩焼……だいたい田舎の家庭料理が元になっているのではないでしょうか。気楽に食べられていいです。

料理が登場しました。パンも付いています。ですが、

「あれ～⁉　ちょっとイメージが違ったかな」

「そうねえ。赤ワイン煮みたいのを想像してたんだけどね、ボルドーで食べたみたいな……」

見た目も味も赤ワイン煮とは違うものでした。ニンジン、玉ネギ、黒オリーブなどが、牛肉といっしょに煮込まれています。肉はわりと小さめにカットされているので食べやすく、それに野菜が入っています。ヘルシーで食べやすく、味も悪くないです。

「そんなにボリュームがなくてよかったわ」

「うん。外食だといつもそこが心配でね、最近は」

映画監督の鈴木清順さんが、「老いは食を細くするからがさ張る異国では連れ合いと二人一品で充分」と、晩年、旅のエッセイの中で書いていました。それで、海外旅行のときは、レストランでよく料理を一人前取って、夫婦でシェアして食べさせてもらうのだと言っていました。たまに私たちもそうすることがあります。

そう言えばプラハのレストランでは、こんなこともありました。豚肉の料理を銘々一皿ずつ注文すると、私たちを見たマスターが、「おふたりで一皿でいいですよ」と言うので、注文を一人前に変えました。年寄への気遣いと思ってありがたかったです。もっとも、日本人が小食だというのは、けっこう最近は海外でも知られているようですが。

食通で聞えた池波正太郎さんも、気ままにフランス旅行を楽しんだ頃は、もう晩年になっていたため、どこに行っても食欲はいま一つで、たくさんのごちそうを前にしては寂しい思いをしたようです。「海外に行くのも、やっぱり若いうちがいいかな」。そう思いながら、この夜はデザートにバニラアイスとエシュプレッソを取りました。口の中をさっぱりさせて満腹で外に出ました。

夜更けの小路を風がぬけていきます。寒くはなかったけれど、いよいよ秋が近づいたかなと感じました。例のカーディガンと帽子ですが、おかげでどちらもよくなじんでくれて、いまでも冬が来れば愛用しています。

オリーブの丘—ルノワールを訪ねた日本人画学生

ルノワールと言えば、たぶん日本ではゴッホと人気を二分する画家ではないでしょうか。ゴッホは若くして亡くなってしまいましたが、ルノワールのほうは、長い生涯の最後の十年あまりを、冬も暖かな紺碧海岸（コート・ダジュール）の田舎で過ごしたそうです。その住まいがいまも残っていて、美術館だか記念館だかになっていると聞きました。行ってみたくなりました。

四回目となる小さな旅では、オリーブの林におおわれた丘にあるという、その古い屋敷を訪ねてみました。屋敷は、かつて《レ・コレット（小さな丘）》の愛称で呼ばれていましたが、いまは《ルノワールの家》と呼ばれているそうです。

最寄りの駅は、二回目の小さな旅に出てきたカーニュ・シュル・メールです。駅から《ルノワールの家》まで行くのに、バスの便があるかどうかわからないまま、地図で見当をつけておいて、「何とかなるかな」と歩き出しました。海沿いの平場（ひらば）に開けたカーニュ・シュル・メールの街は、この前訪ねた城のある山の手のオード・カーニュとは、一見して驚くほどに様子が違います。とにかく車の往来がはげしい。だからうんざりするほど騒がしい街です。

広い通りをトボトボ歩いて行くと、かなり大きな公園で週市をやっていました。すごい数の白いテントが張られている、ずいぶん大がかりな市のようです。近郷近在の街や村から、たくさんの人と物が集まっているのでしょう。どんなものが売られているのか、道草して見てみたい気もしましたが、ここはあっさりパスすることに。うそかほんとか知りませんが、年間の犯罪発生件数というのが、フランス国内ではトップなのだそうです、この街は。

この日もそうですが、未知の目的地を訪ねて行くときに私たちが頼りにしたのは、丸暗記した片言(かたこと)のフランス語と、通りで出逢う人たちの親切でした。フランス人はプライドが高いので、毛嫌いして英語など話せる人も、話そうとする人も少ない。ほんの一昔前までは、よくそう聞かされたものです。でも、近頃はずいぶん様変わりして、英語をしゃべる人も珍しくなくなりました。パリなどではとくにそうです。

ただ、そうは言っても、田舎の街で道を尋ねたりするときには、できればフランス語を使うほうがよさそうです。とくに年配の人に声をかけるならばそうです。きれっぱしほどのフランス語でも、こちらの言いたいこと、尋ねたいことが伝われば、みなさんとても親切に答えてくれますから。そこで私たちは、いつも簡単なフランス語の質問文を用意して、丸暗記しておくようにしました。こんな具合に。

ジェブドフェー・アレ・ア・ミュゼ・ドゥ・ルノワール（ルノワール美術館に行きたいのですけど）

ウエ・ラ・ミュゼ・ドゥ・ルノワール？（ルノワール美術館はどこですか？）

セ・ロアン・デシ？（ここから遠いですか？）

サフェ・コンビエン・デ・トン？（どれくらい時間がかかりますか？）

ところがこの日は、通りで親切な人を見つけるには、一向にこまることはなかったのですが、《ルノワールの家》にはなかなかたどりつけませんでした。いったい何人の人に道を尋ねたことか。街頭、カフェ、商店、公民館、あるいは交番……でも、どこにあるのか、もう一つよくわかりません。どうやら街の人たちも、《ルノワールの家》の存在をあまりよく知らない様子です。

だんだん午後の陽ざしがきつくなってきました。車の騒音はどこまでもつきまとってきます。あちこちだいぶ探し歩いたため、足だけでなく頭のほうもくたびれてきました。気持ちもちょっとめげてきましたが、だからと言ってここであきらめるわけにもいきません。さらに先へ先へ……

ふと、気がついてみたら、寂しい街はずれの四つ角に立っていました。車の往来も少し下火になり、人通りはめっきり少なくなっていました。そうなると今度は心細くもなってきます。

「おかしいわねえ……」

「あそこになんて書いてある？　よく見えないんだけど」

「……ルノワール何とかって書いてあるみたいよ。電柱の脇でしょ」

道路の反対側の前方に曲がり角があって、そばに小さな立札があるのが見えます。そのあたりから土地が丘状になっているようです。気をはずませながら角を曲がってみると、たちまち緑ゆたかな坂道に入りました。《ルノワールの家》、つまりルノワール美術館の門は、少しのぼった所にありました。「やれやれ、やっと着いたぞ」「遠かったわねえ」。そう言いながら門をくぐって行きました。

奥のほうに瀟洒な建物が見えます。そこに伸びる道を進んで行くと、左側に立ち並ぶオリーブの樹々の間から、先日行ったあのグリマルディ城が遠くに見えました。山の上にちょこんと載っています。後ろで人声がするので、振り返ってみると四人づれの中年の日本人がやって来ます。女性三人が旅行客で、男性はガイドさんのようです。

この屋敷にいつから、どうして、ルノワールは住むことになったのか。すでにパリの画壇では、文字通り巨匠の域に達しているノワールでした。ところが、不幸なことに健康には恵まれず、長年リウマチに苦しめられていました。こういうのも「天は二物を与えず」と言うのでしょうか。

まわりにたくさんの友人がいて、長年住み慣れたパリではありました。しかし、盆地特有の冬のきびしい冷え込みが、ルノワールにはだんだん耐え難いものになり、医者の勧めなどもあって、どこか温暖な所に転地療養することになりました。聞くところによると、パリの冬の冷え込みというのは、「寒い」のではなく「痛い」のだそうです。大変そうですね。

そして、転地先に選ばれたのが、ここカーニュ・シュル・メールだったのです。一九〇三年の話です。ルノワールは六十二歳でした。同行したのは、愛する奥さんと三人の息子さんたちで、最初の三、四年は街中に住んでいました。その後、ここに屋敷を構えることになったのですが、こんなエピソードが伝えられています。

ルノワールがカーニュに移って来た当時も、丘はオリーブの林におおわれていました。樹齢五百年を越えるみごとな古木もあったそうです。燦燦(さんさん)と光が降りそそいでいるし、近くにはきらめく青い海も見えます。ルノワールはすっかりここが気に入って、しばしば写生にやって来るようになりました。

そんなある日、思いもかけない話が、ルノワールの耳に飛び込んできました。

「近いうちにこの丘は人手にわたりますよ。今度の持ち主は、オリーブの代わりに花の栽培を始めるらしいです」

知らせてくれたのは、ここで小作をしている農夫でした。かけがえのないものが失われる！　ルノワールのうけた衝撃は、よほど大きかったようです。何とかしてオリーブの林を守りたい。このまま残したい。救済の方法をあれこれ模索しました。と言っても、選択肢はあまりなかったでしょう。けっきょく自分が、そっくり土地を買い取る。そういう大きな決断をすることになりました。

そして、それはすぐに実行されました。広さはどれくらいだったかというと、およそ四万平方メートルと言いますから、東京ドームより少し狭いくらいになるでしょうか。田舎の果樹園とはいえ、普通の人が買える値段ではなかったでしょう。ルノワールの財力にも驚いてしまいます。

あくる年には、みごとなオリーブの林に囲まれた、りっぱな邸宅が建てられました。プロヴァンススタイルのブルジョワ風の建築。そんなふうに言われています。目の前に立っている美術館がそれです。いかにも上品な佇まいをしています。家族の部屋、使用人の部屋、来客友人用の部屋、さらには二つのアトリエなどが内部にあります。

なだらかな斜面にひろがる屋敷は、この日も明るくおだやかな空気に包まれていました。曲がりくねったオリーブの巨樹、みごとなプラタナスの高木（こうぼく）、ユーカリやアーモンドの木もあるそうです。やさしく人を迎えてくれるエレガントな建物、落ち着いた造りの内部、展示されているキャンバスやパラソル、車椅子などの遺品、古風な農舎……みんな昔のままのようにも見えます。

光あふれる暖地に移り住んでも、持病のリウマチは悪くなるばかり。それでもルノワールは画業に励み続け、一九一九年、七十八歳の高齢で他界の人となりました。この丘で冬季を中心に十数年暮らすことができたことになります。モネ、マティス、ピカソをはじめたくさんの画家が訪ねてきたと言います。

二階の広いバルコンに立ってみました。少人数の団体客が庭を散歩しています。

「あそこに海が見えるわ。ずいぶん近いのね」

「海沿いの街だから漁港もあるんだろうな」

「たしか梅原龍三郎もここを訪ねているのよね」

人生の円熟期に入った五十代のなかば、太平洋戦争も末期にさしかかった頃、梅原龍三郎は『ルノワルの追憶』という本を出版しました（梅原は「ルノワール」でなく「ルノワル」と表記している）。梅原がルノワールの家を初めて訪ねたのは、そのときから遡ること三十五年前のことでした。

二十歳そこそこの若さで、絵の修業のため単身パリにやってきた梅原は、ルノワールの豊麗な色使いに心酔していきました。ぜひとも巨匠に会ってみたい、何とかして謦咳に接したい、そう願うようになりました。しかし、ルノワールはすでにパリにはいませんでした。遠い南フランスの田舎に移り住んだあとだったのです。

しばらく思案を重ねたすえ、一面識も伝手もなかったけれど、梅原は名も知らないカーニュの街に向かいました。そして、ひとまず紺碧海岸の北の端、イタリアとの国境の街マントンに宿を取りました。訪問の機会をうかがったのです。直接カーニュに行かなかったのは、さすがに気後れしたからです。無理もないでしょう。

名もない東洋人の画学生が、紹介者もなしに巨匠を訪ねるなんて、それは畏れ多いような話です。しかも、フランス語の会話力と言ったら、せいぜいまだ三歳児並みだし……悶々と逡巡の日を送ること一か月余、ようやく意を決した梅原は、いよいよルノワールの家に向かいました。

カーニュの駅からルノワールの家まで、たどり着くのに梅原もかなり骨を折ったようです。ずいぶん探し歩いたが見つからず、当時は人家もまばらだったため、道を訊ける人もいませんでした。探し疲れてへたり込んでいるところに、たまたま通りかかったのが郵便配達夫で、彼が指さす遠くの小さな丘の辺に、灰色の大きな家が見えました。

冷たく門前払いを食うのではないか。くりかえし、くりかえし梅原の頭によぎったのはそのことでした。迷いに迷ったすえ、こわごわ門を叩きました。すると、巨匠は見ず知らずの異国の青年を、拍子ぬけするほどあっさりと、温かく迎え入れてくれたのです。案ずるより産むがやすしとはまさにこのことでした。

「そのとき梅原はちょっとしたうそをついたんだ」

「どんな?」

「日本からルノワール先生に会いに来ましたって。夫人に取次ぎをお願いしたとき、そう言ったんだって。パリからとは言わないで」

日本からフランスに行く海の航路は、中国沿岸↓東南アジア沿岸↓インド洋↓紅海↓スエズ運河↓地中海↓マルセイユ港というもので、およそ四十日あまりかかったと言います。萩原朔太郎の詩にもあるように、それこそ「ふらんすはあまりに遠し」だったのです。フランスのほうから見れば、東の果ての日本はさらに遠い国に思えたかもしれません。

遠来の珍客の訪問がよほど嬉しかったのか、一生懸命に松葉杖をつきながら、ルノワールは自ら邸内を案内して回り、アトリエやら庭やらに梅原をいざなってくれました。アトリエの壁には、庭のオリーブの絵が何枚も掛かっていたと言います。ルノワールの指はリウマチのため、すでに無残に変形していました。それでも絵筆を離さない巨匠に、梅原は深く心を打たれました。

門前払いどころか、この日、梅原はルノワール家の昼餐にも誘われました。中学生の次男をまじえたアットホームな食事に、梅原の胸は喜びでいっぱいになりました。《私はこんな幸福な時を持つだらうとは此の朝まで決して想像できなかった》。ルノワールへの梅原の敬愛の念は、この日決定的なものになったのです。

一方、当時のルノワールは、パリから遠く離れたのどかな田舎に引っ込み、家族といっしょに平和に暮らしてはいましたが、人恋しくなる日もあったに違いありません。だから、異国の若い画学生の不意の訪問でも、心がはずむほど嬉しかったのではないでしょうか。

「梅原が日本に帰ってからも、ふたりの交流は続いてね」

「でも、ルノワールの最晩年って、とてもつらいものだったんでしょ」

「うん。リウマチは良くなるどころか、ますますひどくなるし、第一次大戦の戦場でふたりの息子が深手を負ってしまい、その悲しみで奥さんが先立って……」

ああ無情です。画家としてはこの上なく功なり名を遂げたルノワールでした。しかし、その晩年は、年齢をとることの苦しみや哀しみの中を、もがきながら生きねばならなかったもののようです。フランス滞在中、その後も梅原は親しくここを訪ねています。そして、帰国してからも交流は続きました。そうやって梅原が自分のことを忘れずにいてくれることに、きっとルノワールもずいぶん慰められたのではないでしょうか。

ルノワールの訃報に接したとき、梅原は三十歳になっていました。結婚してふたりの子どもいましたが、まだ有名な画家とは言えませんでした。それでも翌年、家を売るなど手を尽くして旅費を工面し、梅原は弔問のため再びフランスに渡り、あのオリーブの丘に向かったのです。魂のふれあう一編のドラマを見るようです。

館から外に出て、隣に立つ古い農舎を仰ぎ見ました。これも味のある建物です。そばのベンチで年配の女性がふたり、小声で語らっています。彼女たちにほどよい日陰をつくってあげているのは、背の高い老人のようなオリーブの樹です。裏が銀色のオリーブの葉が、微風（そよかぜ）に吹かれキラキラと輝いています。

ゴッホも泣かせたアルプスおろし

滞在が三週目に入った頃のことです。いつものように、朝早くに外に出てみると、ものすごい風が吹いていました。路地は簡単にぬけられたのですが、海岸通りに立つのは一苦労でした。身をかがめて道路を横切ろうとしたところ、途中であやうく吹き飛ばされそうになり、よろけてしまって一瞬たじろぎました。いっそう身をかがめて踏ん張り、どうにかふたりとも道路沿いの低い土塀にたどり着きました。

海が血相を変えています。繰り返し大きなうねりが起こり、白波が岩場ではげしく飛び散っています。いつものさざ波とはまったく別物です。どこにも生き物の姿は見えないし、クルーザーの影もありません。普段とはかけはなれた光景でした。「地中海も荒れる日があるのね。びっくりしちゃった」「そりゃあ海だからな。冬になるとこんな日も多いんじゃないかと思うよ」。

朝食後、市場(マルシェ)に出かけてみると、壁の代用に厚いビニールシートが張られていました。でも、この辺は海岸のすぐ近くではないので、それほどの風当りでもないようです。さすがにお客さんは少なめだったけれど、場内の表情はいつもと変わりありません。野菜、果物、チーズ、それに魚を買ってから、久しぶりに調味料のお店に行ってみました。味噌に似たものがあるので、

「ケスケセー（これ何ですか？）」

「タプナードですよ」

「タポナード？」

「いや、タプナード、タプナード」

おかみさんがスプーンに取ってくれました。

「ああ、あまり辛くないのね。キュウリにつけるといいかな」

タプナードというのは、プロヴァンス地方の料理で汎用されるペーストでした。黒オリーブの実、オリーブ油、アンチョビ、ハーブ、そういったものをまぜ合わせてつくるのだそうです。パンに塗って食べる。ゆで卵の黄身とまぜ合わせたものを、白身魚の腹の中につめてオードブルにする。焼き魚の付け合わせにしてもいいらしいです。小瓶に入っているのを一つ、試しに買ってみました。

帰りがけに、怖いもの見たさにまた海岸通りに近づいて行ってみました。風の勢いは少し

も衰えていません。「これって、あのミストラルの前ぶれなのかしら？」。そう思いながら踝（くびす）を返して部屋に戻って行きました。

ミストラルというのはプロヴァンス地方の冬の季節風です。最近は、日本でも少し知られているようですが、たぶんそれは『南仏プロヴァンスの12か月』という本のおかげでしょう。三十年ほど前のベストセラーです。作者は英国人の男性だったと思いますが、冬の寒さには慣れている主人公が、あこがれのプロヴァンスに移り住んできて、いちばん驚かされたのが、ほかならぬミストラルの洗礼でした。

《樹木を根こぎにし、車を覆し、窓を破り、老人を溝に叩き込み、電信柱をへし折ることがある》

こんなふうにちょっと大げさに描いています。実際はどうなのでしょう。ミストラルの悩ましさについては、すでに百年以上も前に、パリからプロヴァンスにやって来たゴッホも、弟テオへの手紙の中でこう訴えています。（岩波文庫）

《ミストラルがすごい、いまのところ四日のうち三日間は、いつも陽が照ってはいても、戸外で仕事をするのはむずかしい》

アルルの街に滞在していたゴッホは、光を好んで畑や野原にせっせと写生に出かけました。さえぎるものがほとんどないので、夏の強烈な陽ざしも相当大変だったに違いないと思います。しかし、冬の強風ミストラルは、それ以上に厄介だったようです。キャンバスを吹き飛ばされるなどしたからです。

アンティーブの旧市街の裏手に行くと、長い砂浜が自慢のジュアン・レパンというリゾート地があります。地元の人だけでなく、昔から外国の作家などにも好まれてきた所です。たとえば米国の作家F・スコット・フィッツジェラルドは、ここを舞台の一つにした小説を書いています。一九三四年に発表された『夜はやさし』(原題はTender is the Night)という作品で、その中にこんな一節があります。(角川文庫)

《十一月にはいると、海は黒ずみ、波は防波堤をこえて海岸通りまではねあがってはくだけるようになった。夏の生活の名残はあとかたもなく、ミストラルと雨にさらされて、海岸はものうく、さびれてしまった。》

夏は太陽がいっぱいだった紺碧海岸(コート・ダジュール)でも、海も黒ずむ季節を迎えると、冷たい強風の吹きすさぶ日もあるということでしょう。そうなんです。毎年冬になると、アルプス山脈から冷たく乾燥した強風がうまれ、やがて南に下って国境を越えると、フランスのローヌ河谷やデュランス川の流域で暴れまくり、最後にアルルの先にひろがるカマルグ湿原地帯を吹き渡ったあと、そのまま地中海へぬけて行くのです。さしずめ《アルプスおろし》と言ったところでしょうか。

須賀敦子さんのエッセイに、「きらめく海のトリエステ」という小品があります。その中にこんなことが書かれていました。ロンバルディア地方と言えば、ミラノを都とするイタリア北部の州ですが、そこにトリエステという港街があります。人泣かせのつらい坂道で有名な街だそうです。それればかりでなく、冬ともなると、小柄な女性など吹き飛ばされてしまうような、ものすごい風が吹き荒れるらしいです。土地の人はボーラと呼んでいるそうです。いろいろあるんですね。

夕飯にルージュという小ぶりの魚を煮てみました。ルージュ（赤みがかった）という名の通り、キンメダイのように鮮やかな赤色をしています。日本ではたしかヒメジと呼ばれているのではないかと思います。自己流ながら欧風の味付にしてみました。食卓での話題はまたミストラルのことになって、

「画家の三岸節子（みぎしせつこ）っていう人も、城のあるあのオード・カーニュにいたんだって。いつごろのこと？」

「七十年代かな。息子さんたちといっしょで。還暦を過ぎてたんじゃないかしら」

「どれくらいいたの？」

「カーニュにいたのは数年だけど、フランスには二十年くらいいたみたい」

彼女が記した『仏蘭西日記』を読んでいくと、冬の訪れとともにミストラルが登場します。

いずれもカーニュの家でのことです。
《ゴウゴウウナリをだしてミストラルが吹き、寒波はアルプスの山を真っ白にした》
《一夜、ミストラルうなりをあげて吹きまくる》
《ミストラル吹く。夜熟睡できず》
なるほどすごい強風のようです。紺碧海岸（コート・ダジュール）にも冬の顔があるということですね。
やわらかくて食べやすかったです。ルージュの煮つけのことです。魚のだし汁、白ワイン、オリーブ油、塩、胡椒、それにハーブ、そんなもので味付けしてみたのですが、さっぱりしてけっこういけました。小ぶりなので銘々二匹ずつ皿に取りました。

「玉ネギ入りのパンを売るお店ってご存じ？」

「……」

「え〜、モナコの王室がお気に入りとか」

「ああ、はいはい。え〜と、あそこですよ」

市場（マルシェ）に行く前に寄ったカフェでの青年との会話です。パンのお店はすぐ近くの裏通りにありました。小さなお店ですが構えはおしゃれです。なにしろお店の看板は、フレンチの巨匠と言われるアラン・デュカス氏からの贈物だとか。ショウウインドウの貼り紙には、モナコの大公がパンを賞味している写真が載っています。お店はいまではすっかり有名みたいです。一流ホテル、高級レストラン、王室などから注文の入る、いわゆるセレブ御用達のお店ということでしょう。

お店の名は《ブーランジュリ・ヴェジアノ》。南フランスでは最高の天才パン職人との評判のジャン・ポール・ヴェジアノのお店ということです。「天才パン職人」なんていう呼び方は、いかにもパンの本場フランスならではの感じがします。パン作りも奥が深いのかもしれません。

中に入ってみました。手作り感のあるパンが並んでいます。創作パンふうのものがほとんどです。お客さんは若い人ばかりでした。オレンジやオレンジフラワーを練りこんだパンもあって、それらも試してみたかったのですが、ここはやはり一番人気の玉ネギ入りのパンを買うことにしました。大きなものではないので、それぞれ一個ずつ買って出ました。

住宅街の小路は裏通りなので、人通りもポツリポツリです。人目をはばかる必要もなさそうなので、ちょっと行儀が悪いと思いましたが、歩きながらさっそくパンを頬張ってみました。見た目のとおりモチモチしています。「この食感がフランスの人には珍しいのね、きっと」「うん。ヨーロッパのパンには、こういうのはあまりないみたいだからな」。噛んでいると玉ネギの香りもほのかにしてきます。そこも特徴なのでしょう。では、味のほうはどうかというと……

市場（マルシェ）の野菜農家に行ってみると、兄さんが地味な色の葉物野菜を指さして、

「それ、お湯をそそげば、きれいなグリーンになりますよ」

「ハーブ？」

「いや、そうじゃないんですけど。でも、お茶みたいに飲めますよ」

オリーブのお店にも寄りました。

「しぼりたてみたいな色ね」

「うん、とろりとして艶（つや）があるし、色は深緑（ふかみどり）というのかな」

「舌ざわりもさわやかそうだし」

ハーブ入りのオイルというのもあります。プロヴァンスの香りが立つのかしら。瓶のデザインはユニークだけれど、同時に実用的な感じもします。マスターが手に取って勧めるものを、ちょっと奮発して買ってみました。小さめのものです。

漬物に目が移りました。みんなつやつや輝いています。やわらかそうなものから、カリカリと硬そうなものまで、黒いのから緑のものまで、小粒から大粒のものまで、とにかくいろんな種類があります。

マスターに、手振りまじりで、「すこし固めのほうがいいわ」と伝えて、適当に一つ選ん

でもらいました。黒光りのする粒の大きなオリーブです。タッパーを持参してきたので、それに百五十グラム入れてもらいました。値段は高くありません。

おや？　口笛まじりの歌が聞えます。野菜農家の兄さんです。ご機嫌なのかしら。どうやらシャンソンのようです。夜の酒場とか劇場ではなくて、昼間のこんな生活の場で耳にするシャンソン、そういうのもありなんだと、妙に感心してしまいました。

今夜は豚肉の料理にしようかなと思っていました。市場（マルシェ）には数軒の肉屋さんが来ています。今日は、これまで寄ったことのないお店に行ってみました。目のパッチリした四十歳くらいの女性が店番していたので、あいさつしてから、

「豚の焼肉（ロティ・デ・ポー）……」

用意したメモを見ながら言ってみました。けれど、なぜかすんなり通じません。それじゃあとメモを彼女に見せました。

「おお、ウイ、マダム」

にこやかにそう言って、彼女は二番目のケースの中にある、切り身の肉を指さしました。大きさも厚さもちょっと……「もうすこし小さいのがほしいんだけど」と、こちらは手振りで意思表示。すると、小さめの肉のブロックを手に取って、「○▽×○◇……」と言いながら、彼女は肉をスライスするしぐさをします。

「ウイ。ドゥ、シルブプレイ（二枚ください）」

「×○▽◇……」

自分の肩をポンポン叩きながら、またマダムがなにやら言っています。「肉の部位は肩ですよ」と言っているようなので、指でＯＫのサインを出しました。

市場（マルシェ）のすぐ近くに、さほど古くはないようですが、昔風のおっとりした建物があります。市庁舎です。大勢の若い男女が玄関前に集まっていました。みんな盛装しています。これから結婚式があるのでしょう。新婚のカップルが、婚姻届を役所に提出すると、そのあとみんなしてすぐ近くの聖堂に行き、神父の導きで厳（おごそ）かに式を挙げるのです。幸せいっぱいのこの光景は、ほぼ週末ごとに見かけました。

夕食後、例の葉物野菜をガラスのポットに詰め込んで、上から熱湯を一気に注いでみました。農家の兄さんの言ったとおり、野菜の葉がみるみるうちに鮮やかなグリーンに変わっていきます。しばらく待ってから、おもむろに蓋（ふた）を開けてみると、フワ～と、ミントにそっくりの香りが立ちのぼりました。味もまろやかです。

今回みたいな滞在型の旅行となると、食材の買い付け、炊事、洗濯、そういうものが日々の仕事となります。だからそこのところは、普段の暮らしとあまり変わりありません。場所を変えただけと言えなくもないです。「えゝ！　海外旅行に行ってまで炊事するの?」。あきれ顔をされそうです。

たまにはレストランに行こうかなあ。そう思うことがあっても、けっきょく部屋のキッチンに立つ日がほとんどでした。献立を考えながら市場（マルシェ）や商店街を回る。そうすると、地元の人と、ほんのちょっとではあるがふれあえる。よく知らない食材を、自分流に工夫して調理する。そんなことがみんな新鮮な楽しみになったのです。

フランスと言えばヴァカンス大国でしょう。旅行好きも多いと言います。それも滞在型の旅行が人気のようです。旅先でのんびりしたいのでしょう。適当に自炊しながら過ごして。

「だったら、うちと似たようなものね」「だいたいヨーロッパの人はケチケチ旅行が好きみたいだしな」。

九時からテレビで映画を見ました。モノクロのフランス映画です。言葉がわからないので、もっぱら映像を追うだけでしたが、それでもおしまいまで楽しめました。西アジアかそれとも北アフリカのあたりか、僻地（へきち）の村を舞台にした複雑そうなドラマでした。終盤にさしかかると、老人の臨終をめぐる土俗的風習のシーンが急テンポで繰り広げられ、それが何とも奇怪で印象強烈でした。主演は医師役のアンソニー・クイーン。ハリウッドの懐かしい顔に久しぶりでお目にかかりました。

鷲の巣村二題——エズとビオ

岩山の斜面の荒々しい肌を削って家を建て、人目を避けるようにして造られた村が、プロヴァンス地方にはあちこちにあります。かつては秘境だった所も多いようです。それらがいまは《鷲（わし）の巣村》と呼ばれて、一躍人気の観光地になっています。紺碧海岸（コート・ダジュール）にもエズやビオと言った鷲の巣村があります。「観光地化した秘境なんて」という気もしましたが、百聞は一見に如かずということもあり、ともかく行ってみることになりました。

最初に訪ねたのはエズ村です。出かける二、三日前に、アンティーブの観光案内所に行って、どうやって行くのがいいか訊（き）いてみました。「アンティーブから電車でエズという駅まで行って、そこから村までバスに乗ってください」と教えてもらいました。鉄道が使えるとは少し意外でした。ニースまで電車で行って、そこからバスを使うのだろうと思っていましたので。

鉄道のエズ駅まで行くのは簡単でした。アンティーブから乗り換えなしですから。駅のホームの片側には、まぶしく光る海が眼下にひろがり、反対側にはぬけるような碧空(あおぞら)を背にして、それらしい尖(とが)った岩山がそびえているのが見えます。あれがエズだとすると、駅から村までは遠いようです。

シャトルバスに乗り合わせたのは、ほとんどが中国の若い人たちみたいでした。いつ、どこでいっしょになっても、中国の若者は愛想がありません。どうしてなのかしら? ヨーロッパの若者はこんな風ではないです。日本の若者はというと、今回の旅行ではどこに行っても姿を見かけませんでした。どうしてなのかしら?

満員の小型バスは、ぐるりぐるりと練るようにして、アスファルトの山道をのぼり始めました。しょっちゅう車体が大きく横揺れします。何かにつかまっていないとあぶないし、立っている客も多かったので、車窓の風景はチラ、チラとしか見えません。終点まで二十分あまりかかりました。

「やっぱりあの岩山がエズの村なのね、へ〜」

「たしかに村があるようには見えないね」

紺碧海岸(コート・ダジュール)は、プロヴァンス地方の中のアルプ・マルティーム県という所に属しています。面積の八割以上が山岳だというから、そもそも山だらけの土地なのです。エズみたいな村があっても不思議ではないのでしょう。でも、エズの標高は四百メートルだそうですから、それほどの高地ではありません。

この辺にも紀元前の昔から遊牧民がいたようです。そのうち、外敵から身を守るのに岩山が適していることに気づいたのか、住居をこしらえて住みつく人々が現れました。南フランスにもイスラム勢力が迫ったときがあったのですが、息をひそめて村民はこれをやり過ごしたと言います。そうやって村はそこそこ平和に生きながらえてきたのでしょう。

やがて時代がずっと下って、近代化の波が社会にひろがると、エズのような孤立した村は、その流れから取り残されていきました。古いままにとどまっている村から都会に出て行く人もいたので、だんだんと空っぽの巣がふえていったことでしょう。そのままいったら過疎地になったはずです。

「そこに起こったのが秘境ブームで、秘境ということが観光資源になる、そんな時代がやって来たんだ」

「白川郷のブームなんかと似てるわね。故郷の村とか、昔の暮らしとか、そういうものを懐かしむ人がフランスでもふえたのね」

「鷲の巣村では、空き家がアトリエ、ギャラリー、ショップ、レストランなどに改装され、観光客だけでなく移住してくる人も多くなって」

「岩山の村に大勢の観光客がつめかける様子が、日本のテレビでも紹介されたことがあったわね。あれってエズじゃなかったの?」

さっそく村に入りました。道は狭いうえにいきなり急な坂道や階段になり、両側には古い石造りの家が並んでいます。どれも平屋か二階建てで、中には洞窟のような住居もあります。ショップ、アトリエ、カフェが、ここにもあそこにも。みんなカラフルな装いをしています。ちょっと派手過ぎる向きのものもあって、やや興ざめさせられる感じもしましたけれど。

頂上に通じるメインの道のほかにも、ほそい路地が縦横に張り巡らされ、短いトンネルとかアーケードもあって、狭いながらも村の造りには立体感があります。モノトーンな集落ではありません。こんなのを見ると、昔の人の根気と工夫にはほとほと感心させられてしまいます。

あとからあとから、引きも切らず人がやって来ます。ゆっくり立ち止まる暇もなく、上へ上へ。ちょっとせわしないです。「下のほうに海が見えるわ。きれいねえ」「海がこんな近くに見えるんだ」「飛び切りの立地の良さね。これこそ紺碧の海よね」

エズの村の海の眺めはすばらしかったです。鷲の巣村エズの魅力は、村自身の奇観だけではなくて、海の眺望の良さも加わっているようです。鷲の巣村の中でもエズの人気は特別高いらしいですが、そのわけがわかったような気がしました。

「五つ星のホテルがあるらしいわよ、たしかこの辺に。部屋数をしぼったぜいたくなものみたいよ」

「へ〜。宿泊料はいくらくらいかな」

「安い部屋だと二百ユーロ（二万五千円）くらい。最高は三千ユーロ（四十万円）以上とか」

「ピンからキリまでってことかな」

「一九五〇年代の創業というから、けっこう昔のことで意外な気もするわね」

村の中では、黒い服を着た年配の女性を、時どきですが見かけました。夫に先立たれた人かなと思いましたが、どうでしょうか。観光とは直接関係のない暮らしが、いまでも残っているようです。そういう昔ながらの暮らしが残っているからこそ、都会の人たちも懐かしがって観光にやって来るのでしょう。普通に住み続けている住民こそ、実は大切な観光資源なのかもしれませんね。

ごつごつした狭い坂道や階段は歩きにくくはありました。でも、それ以上にわずらわしかったのは、続々つめかけてくる観光客でした。ゆっくり散歩を楽しむどころではありません。列をなして歩いて行く感じです。でも、これは予想できたことなので、とくに面喰うこともありませんでした。

早めに村の見学を切り上げてしまい、行列ができないうちにレストランに入り、そこそこにランチにありつきました。いまの季節だとこんな具合の村ですが、冬になったら客足もずっと遠のいて、昔の静けさを取り戻すのかもしれません。本当はその頃に訪れるのがいいのでしょう。もちろんミストラルが吹いていない日にですけど。

帰りのバスは幸い混んでいませんでした。あとから四十歳くらいの日本人の女性が、母親とみられるお年寄りを連れて乗ってきました。女性は運転手に何か訊いています。フランスに在住しているのかもしれません。お年寄りのほうはというと、見るからに旅慣れない感じで、まごまごしながら空いている席を探しています。娘さんが何か指図すると、いっそうまごまごしてしまいます。大丈夫かしら？　どうにか運転席の近くの席に坐れたようなので、後ろのほうの座席から見ていた私たちも、正直ほっとしました。

「よくこんな所まで来たなあ」

「私たちと同じくらいのお年齢かしら、あのお母さん」

「われわれも、あんなふうにあぶなっかしげに見えるのかなあ」

「……」

バスは、すべるように坂道を下って行きます。今度は景色がよく眺められました。バスの旅は私たちの好みです。自家用車やタクシーと違って、バスは座席の位置が高くて、それに窓も大きいので、景色を存分に楽しむことができるからです。長距離バスに乗ったときに、運転席のななめ後ろのいちばん前の席に坐れたら、それこそ言うことなしです。

村と駅とをつなぐ道は、バスが走っているこの道のほかにもあるそうです。歩いて往来する古くからの山道でしょう。それがいまは《ニーチェの道》と呼ばれているそうです。え！　ニーチェ？　こんな所にどうして……

一九〇〇年に五十六歳で亡くなっているので、ニーチェは十九世紀の人です。若くしてスイスの名門バーゼル大学の教授になったニーチェですが、健康を害したため十年後には退職せざるをえなくなり、その後は病気の療養と執筆活動に専念する日々になったそうです。やがて保養のためニースに移り住んで来ました。その滞在中に、しばしばエズを訪れたというのです。

晩年の著作『ツァラツストラはかく語りき』の構想は、この山道で練られたと伝えられています。物語は、主人公の超人ツァラツストラが、十年間の山籠もり（洞窟の中）から出てくるシーンで始まります。終盤になると、またツァラツストラは山（洞窟）にこもります。このあたりの着想は、もしかするとエズの村を見てうまれたのかもしれません。ニーチェはこんな言葉も遺しています。

《真実の山ならばのぼって無駄に終わることはけっしてない》

アンティーブからバスで二十分ほど行った所に、もう一つの鷲の巣村ビオがあります。停留所には《BIOT VILAGE》と書かれています。Biotは「ビオット」と読みたくなりますが、フランス語では「ビオ」が正しい読み方のようです。海岸線から四キロほど入った、小さな山の中に隠れた村ですが、エズのような奇観を呈しているわけではありません。つまりあんなふうに尖(とが)ってはいないのです。

山里らしく至ってのどかな村です。空気がまるみを帯びている。そんなふうに感じるのは、風も光もやわらかだからでしょう。ほどよく明るいのもいいです。小鳥のさえずりが聞こえてこないかと、耳をすましてみたくなります。観光客などいるのかいないのか……

それでも、メインの広い通りを進んで行くと、レストラン、カフェ、工芸品店、ギャラリーなどが現れました。風変わりなお店も目に付きます。派手さは全然ないけれど、案外個性のある村なのかもしれません。ほとんどのお店がまだ閉じています。昼頃にならないと客も来ないのでしょう。

そのまま奥へと足を運んで行くと、村の臍(へそ)のような一郭(いっかく)に入りました。古びた石造りの家が、曲がりくねった路地につらなっています。こわれかかった古い教会があります。遠い昔から、このあたりが村の中心だったのでしょう。たまに観光客らしい人とすれ違いますが、みんな独り歩きの中年の男性でした。

やや広めの小路に開いているショップがありました。白い布をかぶせたまるいテーブルを二つ、開け放した黄色いドアの前に並べています。ディスプレイされているのはカラフルなガラスの器です。

「キノコみたいなそのスタンド、点灯したらきれいだろうなあ」

「赤、黄色、白の配分がいいわね。出窓に飾るといいかしら」

「うすむらさきのコップもいいけど、ちょっと小さいかな」

ビオはガラス工芸の村として有名なのです。村の起こりは紀元前に遡りますが、最初ここを根城にしていたのはケルト人でした。「南仏の海岸にもケルト人がいたの?」。ちょっと意外な気がしましたが、そもそもケルト人と言われても、私たちには頭に浮かぶものはほとんど何もないのですが。

近くに彼らと張り合う勢力がいました。アンティーブに植民していたギリシャ人です。両者がいがみ合っていると、ギリシャ人の加勢にやって来たローマ人が、ビオのケルト人を追い払ってしまいました。漁夫の利を得たかたちのローマ人の時代は、五百年ほど続いたと伝えられています。

村の消息はそのあとプツリと途絶え、再び姿を見せたのはキリスト教全盛の封建時代、十三世紀初めのことです。村はプロヴァンス伯爵という貴族の領地に入っていました。その何代目かの当主が、信仰に厚い人だったのか、村をそっくりテンプル騎士団に寄進してしまいました。テンプル騎士団というのは、ヨーロッパ中世の三大宗教騎士団の一つで、フランスでうまれたものです。

ところが、次の十四世紀の途中で、国王の命令によりテンプル騎士団は解体されてしまい、ビオの村はまた別の騎士団の手に渡りました。当時こんなことは珍しくなかったのでしょう。村人にしてみれば、年貢を取り立てるお上が代わっただけで、暮らし向きにはあまり影響がなかったのかもしれません。

「でも、同じ十四世紀でも、後半は大変だったみたいだよ」

「何があったの」

「ペストの蔓延や盗賊の横行でもって、村は荒れ果て人口もへってしまい、暗黒の時代は百年も続いたんだって」

そして、十六世紀に入ると、今度は村に繁栄の時代がやって来ました。陶器の生産が盛んになったのです。「どうして?」。良質の粘土、砂、マンガン、それに炉をつくるための火山灰性の土、そういった資源が村の地中に眠っていたのです。誰かが、何かをきっかけにして、埋もれた資源を発見したのでしょう。

古代ギリシャの時代から地中海辺で使われてきた、胴にふくらみのある大きな壺があります。アンフォラと言います。中世の時代にも、ワインなどの容器に広く使われていました。ビオでもこれを盛んに生産して各地に売りさばいていきました。ビオの陶器は有名になり、製陶業の繁栄は長く続きました。

でも、何ごともやはり永続というわけにはいきません。十九世紀に入るとともに、ビオの製陶業は斜陽になっていきました。「どうして?」。炉をつくるための土が枯渇してきたからです。それなしには陶器づくりは成り立たず、村はありきたりの山村に戻り、眠ったようにして戦後を迎えました。

一九五〇年代のなかば、また新風が村に吹き込んできました。ガラス工房を開く人が現れたのです。「きっかけは何だったのかしら?」。しばらくすると、バブルガラス細工の製法とかいうのが工房の中からうまれ、その製品がみごとにヒットして、ここに《ガラス工芸の村ビオ》が誕生したという次第です。

村には現在ガラス工房が十か所ほどあるらしいです。バブルガラス細工の製法というのを見てみたい気もしました。でも、予約なしでは見学できないかもしれない。そう聞いていたので、けっきょく工房には足を運びませんでした。それと、キュビズムの画家フェルナン・レジェの国立美術館にも……

あちこちでレストランが開き始めました。そろそろランチタイムです。目抜きの通りに戻って行くと、《パン製造所》の看板を掲げるお店の前に来ました。簡単なカフェもやっているいかにも飾り気のなさそうなお店です。若者がひとり、店先のテーブルでスマホをいじっています。次々にお客さんが入って行きます。

ハムとチーズのサンドイッチ、リンゴパイを、それぞれ二個ずつと小瓶のジュースを二本、それらをトレイに載せてレジに持って行きました。娘さんに代金を払って、店先の席に落ち着きました。

「ポルトガルでも、あちこち山の村に行ったわね」

「うん。標高千五百メートル近い村もあったな」

「スペインの近くでしょ。隠れユダヤ教徒の廃屋があって」

「あそこの村のカフェの、子豚の丸焼きは絶品だったね」

「小さな村でもかならずカフェはあるのよね。ありがたかったわ」

「ハンチングをかぶった爺さんが、ひょいっと入って来て、ぐいっとワインを一杯ひっかけると、さっと出て行って……」

「遠くから原付バイクの音がのどかに聞えてきたり……」

ジュースでのどをうるおしてから、サンドイッチをがぶりと頬張りました。こちらでサンドイッチというのは、バゲットなどにハムやチーズ、野菜などをはさんだもので、日本の喫茶店で出されるものとは全然別物です。このお店のサンドイッチは田舎サイズのものでした。見るからにホームメイドふうのパイには、甘い香りのリンゴがたっぷり詰まっていました。

向かい側に堂々とした構えのお店があります。カフェとレストランを兼ねているようですが、店名を見ると《郵便局のカフェ》とありますから、かつては郵便局の建物だったのでしょう。ヨーロッパの古い建物は頑丈な石造りですから、リフォームすればいろんな目的に使えるみたいです。

もうしばらく山里の空気を吸っていたい。そう思って今度はコーヒーを買ってきました。通りを行く人がだいぶふえてきました。でも、車はほとんど通らないし、相変わらずのどかです。フランスでも山里はほっこりとしています。紺碧海岸（コート・ダジュール）からほど近いビオの村を訪ねて、それを肌で感じることができてよかったです。

海風に誘われて——午後のマリーナ

夜明けの海を眺めて海岸通りから帰ってくると、テレビをつけて朝食です。小皿にそそいだオリーブ油に、ちぎったパンをひたして、そっと口に入れる。ハーブ入りのためか、オリーブ油特有の青臭さがなく、色にしても香りにしても一皮むけています。次に口に入れたのがカマンベールチーズ。こちらも負けていません。小さいくせに惚れ惚れするくらい手に重くて、舌の上でとろけると、かすかな甘さがあります。みごとな熟成感です。

朝市の支度で忙しそうな市場(マルシェ)を、横目で見ながらカフェに向かいました。入口の脇に置かれた椅子に坐って、常連の男性が新聞をひろげていました。近くに席をとってから、小声で「ボンジュール」とあいさつすると、テーブルの上にあった雑誌を差し出してくれました。読めはしないのですが、せっかくなので「メルシー」と言って、ありがたく頂戴しておきました。

道路ぎわの席にいるのは、同じく顔なじみのお客さんのひとりで、北アフリカ系と思われるぽっちゃりした女性です。袋から取り出したパンを頬張っています。持ち込んだパンを食べているお客さんは珍しくありません。珍しいのはスマホを手にするお客さんで、このお店ではめったに見かけませんでした。お店がレトロなのか、お客さんがレトロなのか、どちらにしても時代に遅れた私たちには、とても居心地のいいカフェです。

犬を連れた男性が通りを行きます。半ズボンにサンダルばきの中年のバックパッカーです。犬はつややかな茶色の毛並みの中型犬ですが、種類はわかりません。

「ヨーロッパの犬って賢こそうね」

「牧羊犬を思い出すね。ドングリの実をあさる放し飼いの黒豚の群れを、主人の指図に従ってちゃんと誘導していく……」

「羊ばかりじゃなくて、豚の群れの面倒もみるなんて知らなかった」

「あの黒豚がイベリコ豚なんだろうな、たぶん」

市場(マルシェ)の裏口を見ると、リヤカーみたいな屋台が停まっています。荷台に大きな橙色(だいだい)の土饅頭(どまんじゅう)のようなものが載っていますが、竈(かまど)です。ブリキの煙突からは、うっすらと白い煙が立ちのぼっています。手づくり感満点なところが、レトロな市場(マルシェ)にぴったりマッチしています。

レトロと言えば市場(マルシェ)の古びた味わいも半端(はんぱ)なものではありません。とりわけ裏手の屋根のあたりがすごいことになってます。張ってあるシートが、陽ざしや雨風にさらされて、すっかり色がぬけてしまっていて、おまけに大きな裂け目もできています。そばに生えている樫(かし)の木が、シートを突き破って空に伸びているのです。

「何であんなところに木が生えているのかなあ？」

「そうねえ……でも、伐(き)ってしまわないのよね。どうしてかしら？」

「洒落(しゃれ)っ気か、遊び心か、大様(おおよう)なのか……」

女性がそっと席を立ちました。こちらにニッコリあいさつしてから、市場(マルシェ)の方に向かって行きます。ニースの名物菓子ソッカを焼く屋台の開店時刻が来たのでしょう。だいたい週に一度、九時頃になると市場(マルシェ)の裏口で、パチパチする音が聞えてきます。音源は屋台の竈です。

「まさかアンティーブでソッカにお目にかかるなんて」

「原料は何なの？」

「ヒヨコ豆だったかな」

ソッカのルーツはどこかとしらべてみたら、これが意外にもスペインでした。ヒヨコ豆がペルシャ原産らしいので、長くイベリア半島を支配していたイスラム教徒の置き土産かもしれません。ヒヨコ豆は日本でも最近よく見かけます。これを粉に挽いてから、水と油と塩を加えてよくこねる。もっちりした生地ができたら、それを熱した鉄板の上にまるく大きくひろげて、こげつかないように焼く。ソッカの作り方はそれだけです。クレープによく似てますが、こういうものがニースの名物というのも面白いです。

火を焚いてソッカを焼いているのは、やや強面の体格のいい初老の男性と、おとなしそうで小柄なアフリカ系の青年です。次々と焼き上がるソッカを、お客さんの注文に応じて手際よく切り分けて売っているのは、先ほどまでカフェでパンを頬張っていたあの女性です。たいてい短い行列ができています。

初めてここのソッカを食べたのは、アンティーブに来てまだ日も浅い頃でした。紙にくるんでもらった熱々のやつを、部屋に持って帰って頬張ってみました。「どんな味？」と訊かれたら、「ほんのり甘くて、おとなしい味」とでも答えたらいいでしょうか。あまり特徴のない味なのです。「どうしてこれがそんなに人気があるの？」という気がしないでもありません。


初めて港のほうに行ってみました。城門をくぐって出てみると、左手に大きな広場が待っていました。遠くのほうにメリーゴーラウンドと観覧車が見えます。ヨーロッパでは、メリーゴーラウンドには根強い人気があるようです。クラシカルで立派な造りのものをよく見かけます。アンティーブにはそれが二か所にありました。

何世代にもわたって慣れ親しんできたものを、時代遅れになったからと言って捨ててしまう。そんな薄情けの飽きっぽさはヨーロッパの人にはないようです。子どもたちは、いまもって操り人形（マリオネット）や指人形が大好きだし、サーカスなどは大人にも人気があります。公園や道端にテーブルを出して、トランプに興ずる男性も珍しくないです。日本では、縁台将棋、花札、カルタ、みんなすたれてしまったみたいですけど。

右手には土と石でこしらえた防波堤が横に伸びています。さほど高くもない堤防は、午後の陽を浴びて温かみを感じさせています。その向こう側にあるのが、部屋の近くの海岸通りから見える白砂のビーチです。波にさらわれる心配のない小さな入り江では、今日も家族連れなどたくさんの人が水浴びしています。帰りにはオーベルノン通りにある人気のアイスクリーム店に寄るのでしょう。

ビーチの隣に、それこそ何もないただの空き地があります。入っていったらいっぺんに視界が開けました。海の雄大さをもろに体で感じます。快感です！　海原に向かって前進して行くと、強い風がまともにぶつかってきます。立ち止まって、水平線をじっと眺めていると、わずかにまるみを帯びているように見えました。

海岸線の高台には城と聖堂が見えます。やはりあの二つが街のランドマークなのでしょう。

「部屋はあそこにあるのね」。そう言い残して、階段から防波堤の上に出て、漁港のほうへ行ってみました。小さな漁船があちこちで舫（もや）っています。南ヨーロッパの漁船は、装いがカラフルで見た目にも楽しいです。昼下がりのせいでしょうか、漁港は人影もなくひっそりとしています。

天気は薄曇り。海辺を散歩するには恰好の日和です。いよいよ漁港の隣にあるマリーナに行ってみることに。マリーナなんて、近くから眺めたことはあるけれど、敷地の中まで入ってみたことはありません。マリーナがひろがるこの入り江はヴォーバン港と言います。敷地の正面奥の所に、二階か三階建ての円筒形の建物が立っていて、PORT VAUBANと大きく書かれています。クラブハウスか管理棟でしょう。

大型客船、クルーザー、モーターボート、ヨットなど、かたちも大きさも様々の船が停泊しています。全部で千七百艇を数えるとか。長さ百から百五十フィート（三十米から四十五米）の船が中心だそうです。行儀よく並んだヨットやボートの先には、まるで要塞みたいなクルーザーが停泊しています。

「あれって客船なのかしら、それとも個人の……」

「個人であんな船は持たないんじゃないかな」

「いくらオナシスさんみたいなお金持ちでもねえ」

オナシスさんとかジャクリーンさんとか、そんな名前もすっかり遠いものになりました。でも、こうした船のオーナーは、いまだってやはり世界の富裕層なんでしょう。アンティーブの街はずれの海沿いには、そういう人たちが滞在するアパルトマンがあるって、親方がそう言っていました。たしかカジノもその近くにあったのではないかと思います。

アンティーブのマリーナは、大型のクルーズ船も寄港するため、外に開かれたかたちになっているそうで、それが独特の開放感をこのエリアに与えているようです。普通のマリーナにはない特徴らしいですが、それだけ規模が大きいということでしょう。なにしろヨーロッパでも指折りのものだそうですから。

そこかしこ気ままに歩き回れます。ほとんど物音が聞えてきません。海から渡って来るのも微風(そよかぜ)だし、出船、入り船、どちらの動きも見られません。ひたすら静まり返っています。不思議なくらいです。

「船の停泊料ってどれくらいするのかしら？」

「いちばん高いのだと年間四千万から五千万円らしいよ」

「ふ〜ん、停泊しているだけでねえ」

日本に帰ってからネットでしらべてみました。世界のマリーナにくわしいという日本人からの情報が得られました。このマリーナの繋留(けいりゅう)料金は、三十五フィートの小型船で年五百万円、五十フィートクラスだと千五百万円、八十フィートでは二千万円、百フィートともなると四千五百万円となっていました。五年分一括前払いだそうですから、最高クラスでは二億円以上の前払い金ということになります。やはり庶民には縁のない世界のようです。

　でも、ここのマリーナは散歩でしたら自由にできます。《立ち入り禁止》。そんな無粋な立札などありません。船を傷つける不心得者もいないのでしょう。おおらかなこの街らしい気もします。松の木のそばにベンチがあるので腰かけました。

「マリーナは公共施設だから、船の停泊料は街の収入源なんだろうな。船に乗って来た人たちは、街で食事や買い物もするだろうし」

「ああそうか。街はこれでうるおってるのね」

「漁港と違ってマリーナには生活の匂いがしないな、やっぱり」

　帆をたたんだヨットの列をバックにして、高校生くらいの少女たちが三人、スマホの自撮りに興じています。無邪気でかわいらしいです。遠くの方では若い男たちがペタンクをやっているのが見えます。「ペタンクって年配のおじさんたちの遊びじゃなかったの?」。どうもそういうわけでもないようです。

　どんな遊びかというと。重さ六百から八百グラムの鉄の球を、数メートル離れた所に置いた木製の的(まと)をめがけて放り投げる。的に近い地点に球をころがした人が勝ち。人数は一対一でも五対五でも、何人でもいい。のんびり軽めに体を動かす単純なゲームですが、ヨーロッパの人たちはそんな遊びを好むようです。やったことがないから何とも言えませんが、ルールがシンプルなぶん奥は深いのかもしれません。パリの公園でも見かけたペタンクですが、発祥の地は実はプロヴァンスなのだそうです。

レピュブリック通りを少し散歩してから、サンテスプリ通りに戻って行きました。夕暮れにはまだ間があるので、久しぶりに聖堂に入ってみると、薄暗い堂内は人影もなく深閑としていました。後ろのほうのベンチに並んで腰かけ、しばらく口をとざしたまま、少し目を凝らすようにして、祭壇や壁画を眺め回していました。

ヨーロッパの街歩きでは、カフェと並んで教会も、私たちにとっては重宝な休憩場所です。ベンチに坐らせてもらうだけで十分です。祈りを捧げなくても気持が落ち着いてきます。もちろん足も休められます。田舎の街の教会では、神父さんに誘われてミサに加わったこともよくありました。信者でもないのにです。

硬貨を一つ、そっと献金箱に落としました。堂内に短い音が響きました。豆ローソクに火をともして、燭台にそなえると軽く手を合わせ、祭壇に黙礼して外に出ました。

マティスとシャガール、聖書の物語――中世都市ヴァンス

色彩の魔術師と言われるアンリ・マティスゆかりの礼拝堂を見てみたいと、山地にある中世の街ヴァンスに向かったのは、一泊二日の日程でニースに出かけたときの一日目でした。ヴァンスとニースを訪ねるこの一泊二日の旅行が、紺碧海岸（コート・ダジュール）を巡る小さな旅の最終回となりました。

旅の一日目。早めにアンティーブを発ってニースに行き、予約してあるホテルに午前中のうちにチェックインして、着替えを入れた鞄をあずかってもらい身軽になりました。ニースからヴァンスまではバスの便がありました。停留所はけっこう遠かったのですが、この日も気軽に人に訊（き）きながら、のんびり歩いて行きました。途中、何とか言う有名な公園などもぬけると、そのうち停留所が見つかりました。

意外とたくさんの人が待っていましたが、観光客は少ないようです。乗るときには押しくら饅頭になりましたが、けっきょくみんな坐れたみたいです。フランスにも行列の習慣はな

いのかもしれません。

ニースの街を出てからの風景はと言うと、残念ながらいかにも風情の乏しいものでした。なぜか沿道には自動車関連の作業所が目立ちました。どこの国を旅していても、時どきはこういう味気ない風景に出逢うものです。半分居眠りしかけた頃に、終点のヴァンスに着きました。たっぷり一時間かかりました。

降りたところは新市街のようでした。商店の立ち並ぶ広い通りの近くに、花の咲くきれいな公園もあったりして、すこぶる明るくてにぎやかな街場（まちば）です。通りの向こうに小さな城門が見えます。あの中が旧市街なのでしょう。壁に囲まれた中世都市は、新市街のにぎわいの中に埋没している。そんなふうに見えました。礼拝堂はこの辺ではなく、街はずれにあるというので、まずは旧市街を見物することにしました。

十三世紀のものだという城門をくぐって中へ。「ずいぶん小さな街だなあ」「でも、カラフルで楽しそう」。ヴァンスの旧市街の第一印象です。こんな小粒の街も珍しいでしょう。とはいえ、ここヴァンスには早くも四世紀に司教座が置かれているのです。司教座というのは、カトリックの大司教が執務する座席のことです。けっこう由緒があるのでしょう、この街は。

徒歩でも三十分あれば一回りできるそうです。ぐるりと街を囲む城壁の長さは、たぶん二キロメートルあまり、ウイーンの旧市街の半分くらいでしょうか。そこにいまもたくさんの人が住んでいて、城址ばかりでなく、現役の役所もあれば聖堂もあるのです。中世にできたらしい小路には、レストラン、カフェ、ギャラリー、商店がつらなり、街は活気に満ちています。建物は古いのでしょうが、パステルカラーで化粧されているので、家並みはとても華やかなものです。

この街には、ぜひ見たいものが一つありました。それは聖堂の中にあるそうです。ぶらぶら歩いているうちに、探す手間もなく聖堂の前に出ました。市庁舎と向かい合っています。聖堂と言っても小さな建物です。壁は橙（だいだい）、黄、臙脂（えんじ）などで彩られ、入口の上には聖像が立っています。ヨーロッパの中世の街は、そもそも聖堂を起点にしてうまれたのだと、須賀敦子さんが「街」というエッセイの中で記しています。

私たちが見たいのはシャガールの絵です。それは聖堂の奥まった所の洗礼室の壁に掛けられていました。モザイク画です。教会で見られる絵というと、だいたいフレスコ画というのが多いと思いますが、実はモザイク画のほうが歴史は古いのです。そう言われると、イタリアのポンペイとか、ポルトガルのコニンブリガとか、古代ローマ時代の大きな遺跡で目にした、みごとなモザイク画が目に浮かんできます。

自然の石やガラスの多彩な小片を、巧みに組み合わせて絵を描き、漆喰（しっくい）を塗った床や壁にそれを貼りつけていく。それがモザイク画です。カラフルで、それに色も褪（あ）せないので、モザイク画はとても貴重なものだったと言います。だから聖堂や教会を飾るにもふさわしかったのでしょう。ただ、手間がかかり過ぎるためしだいにすたれ、フレスコ画に取って代られてしまったのです。

マルク・シャガールはロシアうまれのユダヤ人です。若い頃からパリの画壇で活躍していましたが、ナチスの脅威が迫った第二次世界大戦中は、逃れて米国に亡命していました。平和の回復とともにパリに戻ると、すでに六十代に入っていたシャガールは、フランスに帰化することを決意し、一九五〇年に住まいをパリからここヴァンスに移したのです。たぶんそれでこの絵がここにあるのでしょう。

モザイク画であっても、シャガールの作品だとすぐにわかりました。でも、描かれている光景は見た覚えのないものです。何の絵かというと、旧約聖書にある《モーセの発見》の場面です。《十戒》で有名なあのモーセです。

「モーセの発見ってなに？」

「ユダヤ人がエジプトに囚われていた時代の話で、まだ赤ん坊だったモーセが、ファラオの手から逃がれるため、葦(あし)の舟に乗せられて、ナイル川に流され……」

「ああ、川で水浴びしていた女性が、それをみつけて……」

「うん、助けたんだ。その女性はエジプトの王女でね」

目の前の絵には、まさにその劇的なシーンが、シャガールの作品らしく幻想的な雰囲気で描かれています。青や緑が基調だけれど、いつものような、哀しみや寂しさのにじんだ、メランコリックな絵とはちょっと違います。シャガールの絵は、夜空を背景にしたものが多い気がしますが、この絵では中空にお日さまがかがやいています。全体にほのぼのとしています。いいものを拝ませてもらいました。

「ランチにしようか」。どこの通りも、もう昼時のにぎわいに入っていました。「ねえ、これ、面白そうよ」。変わったメニューを出しているお店がありました。並べられた単品(アラカルト)の中から、好きに四品選んで注文する。値段は十四ユーロ。どんな料理かは、見本も写真も出ていないので、まったく見当がつきません。でも、物は試しです。軽くそう腹をくくって、ここで食べることにしました。

陽ざしがだいぶきつくなっていました。白いテント下の席は……うまっていました。残念。仕方なく日よけのない席に坐ると、すぐに中年の女性が注文を取りに来ました。何やらいろいろ説明してくれましたが、どうにかわかったのは、料理がアルメニアのものだということくらいでした。びっくりです。アルメニア料理なんて、聞いたことも見たこともありません。

「アルメニアって、どの辺にあるんだったかな?」

「さあ……ギリシャとか、トルコとかの近くかしら」

「あれはアルバニアじゃないの」

当てずっぽうで料理を四品ずつ選びましたが、あえてふたり別々のものを注文してみました。涼しそうなテント下の席を占めているのは、だいたい三十代から四十代にかけての、二十人ほどの男女のグループでした。公務員ふうの人たちですが、お堅い雰囲気はありません。ワインやビールを飲みながら食事しています。日本人が珍しいのか、チラ、チラとこちらに視線を向ける人もいます。

風変わりな料理が出てきました。真っ白な大皿の上に、まるい小さな皿や鉢に盛られた料理がセットされています。彩り（いろど）はかなり地味です。漬物みたいな薄茶色の葉でくるんだ、シソ巻きに似たものがあります。肉団子のようなものも。ヨーグルトや野菜サラダも。メインの食材が野菜なので、ヴォリュームは軽めそうです。味には特別なアクセントはありません。たぶんアルメニアの家庭料理なのでしょう。ふたりとも食は進みました。

陽ざしがますます強まってきました。そろそろ我慢できなくなって、デザートを持ってきてもらうタイミングで、屋内の席に移らせてもらいました。お客さんはひとりもいませんでした。棚にワインが並んでいます。ラベルには大きくKARASの文字が。

「これってアルメニアのワインかしら？」

「そうです。アルメニアはここですよ」

先ほどの女性が、ちょっと目を輝かして、観光ポスターの中の地図を指さしました。アルメニアはカスピ海と黒海にはさまれた地方にありました。どこにアルメニアがあるのかも知らなかったのに、フランスに旅行にやって来て、パリからも遠いこんな田舎の街で、アルメニアの人と料理に出逢う。こんなのも旅の面白さの一つでしょう。デザートのケーキもアルメニアのものでした。ニッキみたいな香りがしておいしかったです。

城門を出てから、街はずれの方向に少し歩くと橋の袂(たもと)に出ました。緑深い谷にかかるけっこう長い橋です。はるか下を流れているのはリュビアンという川だと思いますが、鬱蒼(うっそう)と繁る木々の枝葉に遮(さえぎ)られ、流れは定かには見えません。周囲は住宅も多いとはいえゆったりとした山里らしい風景で、先ほどまでいた市街とは別世界の趣きです。大きくてモダンな家が多いみたいで、そこはちょっと意外な気もしました。

「なんでマティスはこんな所に礼拝堂を建てたの？」

「建てたのは修道会で、マティスは設計とか装飾とか、そういうものを手掛けたらしいわ。ドミニク会って言ったかな、その修道会は」

「ふ～ん。たのまれたってわけ？」

パリに住んでいたマティスが、初めて南仏を訪れたのは一九一六年、四十七歳のときだったと言います。とても気に入ったらしく、それからはニースで過ごすことが多くなりました。色彩豊かで明るいあの画風も、それからうまれたものらしいのです。もしそうであれば、マティスは南フランスがうんだ画家、そう言ってもいいかもしれませんね。

またしてもナチスドイツの話になりますが、第二次世界大戦がはげしさを増すと、ドイツの水雷艇の脅威がニースにも迫って来ました。危険を感じたマティスは、ここヴァンスに居を移して、戦争が終わってもなおとどまっていました。

そんなマティスのところに、地元のドミニク修道会の尼さんたちが、礼拝堂の再建工事に手を貸してほしいと訪ねてきました。尼さんたちの中には、昔マティスの絵のモデルになったり、身の回りの世話をしてくれたりした、よく知る女性もいました。

終戦の年、すでにマティスは七十六歳でした。しかも重い病身でもありました。にもかかわらず、彼は修道会のたのみを引きうけたのです。尼さんたちの心情にほだされたのか、マティスも信仰に厚かったのか、それとも礼拝堂の再建を、自分の画業の集大成にしよう、そう思ったのか。重い病気と闘いながら、三年ほどの苦労のすえに、八十二歳になるマティスが礼拝堂を完成させたのは一九五一年でした。

橋を渡りきると間もなく礼拝堂の前に着きました。礼拝堂は道端にさりげなく立っています。見過ごしてしまいそうです。普通の民家のような姿をしています。白一色の小さな現代風の建物は、清楚で、モダンで、シンプルな佇まいでもって、訪れる人を優しく迎えてくれています。見上げると、屋根には鉄製の十字架がアンテナみたいに立っています。この十字架にちなんで、礼拝堂は《ロザリオ礼拝堂》の愛称で呼ばれているようです。中に入ってみました。

「わあ、明るいわねえ」。そうなんです。堂内は光が満ちあふれています。こんな明るい教会に入ったのは初めてです。ちょっと驚いてしまいました。見ると、白いタイル地の壁に黒一色の像が描かれています。それがドミニクというスペイン人の聖人のようです。目も鼻も口も描かれていません。日本で言えば怖いのっぺらぼうです。別の壁に描かれている聖母子像のほうも、マリアとキリストの顔は、ざっくりした輪郭線で鶏の卵みたいに描かれているだけです。それなのにどれも気味悪さを感じさせません。不思議です。

《十字架の道行き》という絵もありました。ゴルゴタの丘に引き立てられる、キリスト受難の有名な場面を描いたものですが、こちらはパネル画というものです。なぜマティスは、聖書の中からこの場面を選んだのでしょう……

イエロー、グリーン、ブルーの三色を組み合わせたステンドグラス。そこから差し込む光が、真白な部屋の中で美しい色合いを奏でています。切り絵の手法で造られているそうです。このステンドグラスを貼るについては、ずいぶん手古摺(てこず)ったと言います。それでも、ステンドグラスの光にこだわるマティスは、腕のいい職人をどうにか見つけて、貼るのを成功させたのだそうです。

その辺のことは、マティスと親交のあった洋画家の硲伊之助（はざま）が伝えているようです。井伏鱒二の随筆に「硲三彩亭」というのがあり、その中に少しくわしい話が紹介されています。硲伊之助という人は、岩波文庫の『ゴッホの手紙』の訳者としても知られています。

「かび臭さがまったくないね、この礼拝堂は」

「女性的な気品みたいなものも感じられるし、明るい南フランスにぴったりな気がするわ」

「でも、出来上がったときは、あまりにも斬新なので、尼さんたちはびっくりしたんじゃない？」

「そうねえ……この礼拝堂はまるごとマティスだものね」

「藤田嗣治（つぐはる）も、フランスのどこだったかに礼拝堂を建てたんだろ」

「あれはシャンパーニュのどこかだったかな。晩年、フランスに帰化したあとで」

「近くだったら行ってみたかったけどね」

外に出てからまた礼拝堂を見てみました。屋根の十字架がなかったら、礼拝堂には見えないかもしれません。建物の脇にちょっとした庭があります。遠く下のほうに海が霞んで見えます。いや、ニースの街も見えるようです。マティスはニースで亡くなっています。八十四歳でした。

北の国から――ニースのロシア人・イギリス人

ヴァンスからまた退屈なバスの旅を一時間あまり。ニースに戻ったのは日が陰り始めた頃でした。コンビニ風のお店に寄って、ちょっとした買い物をしてからホテルに帰りました。四つ星のホテルは、間近に海を眺められるぜいたくな場所に、無駄な飾りもなくすっきりと立っています。

今朝、フロントでバッグをあずかってもらうとき、「荷物はこれだけですか?」と、受付の若い女性から二度も念を押されました。あずけたいのは、中身も軽い布製のバッグ一つだけだったのです。年配の夫婦連れの外国人客にしては、荷物が少なすぎはしないか、そう思ったのでしょう。先月からアンティーブに滞在中だと言うと、やっと安心した様子でした。

部屋は三階にありました。日本のホテルで言えば四階です。インテリアも設備もきちんとしている、そんな好印象の部屋にまずは安心し、さっそくヴェランダに出てみました。グラビアや絵葉書でよく見るあのニースの風景が、いきなり視界いっぱいにひろがりました。

「あゝ、これだこれだ」。海、ビーチ、海岸通り、高級ホテル、カジノなどなど。オーシャンビューのヴェランダ付きの部屋は、さすがに少々値が張ったけれど、やはりそれだけの価値はあるものだと、あっさり納得してしまいました。期待外れでなくてよかったです。それではと、さっそく身に余る立派な湯槽（バスタブ）にたっぷりお湯をため、ゆっくり極楽気分を満喫しました。

ヴェランダに置かれた小さなテーブルに、帰り道で調達したサンドイッチ、野菜サラダ、生ハム、チーズ、フルーツポンチ、ジュースなどを並べていきます。ピクニックもどきの夕食のはじまりです。外国のホテルに泊まったときは、息抜きのためたまにこれをやります。今日は天気も良かったし、それなりの長旅でもありました。のどはしっかり乾いています。冷蔵庫（ミニバー）から取り出した白ワインを開けて、まずは「乾杯！」。

浜辺にはまだたくさんの人の姿が見えます。海に入っている人はもういないようですが、こうやって風呂上がりでヴェランダに出ていても、湯冷めする心配もなさそうなくらい暖かい夕方です。

「冬でも観光客は多いのかなあ？」

「コート・ダジュールって、もともと冬の保養地なんでしょ」

「うん。金持ちの避寒地（ひかんち）というやつだろ」

「どんなお金持ちが来たのかしら」

最初に姿をみせたのはロシア人だと言われています。一八七〇年頃には、ニースに土地を持つロシア人が百七十人もいて、それが一九一四年には六百人にふえていたそうです。そう言えば、チェーホフの有名な戯曲に『桜の園』というのがありますが、あの中にこんな一幕が出てきます。主人公の女性大地主が、マントンの近郊に持っていた別荘を、借金の始末のために手放したという件(くだり)です。作品が発表されたのは一九〇三年です。実在のモデルが身近にいたのかもしれません。ロシア人に続いてやって来たのがイギリスの金持ちでした。

ロシアもイギリスも北国です。ヨーロッパ貴族の広壮な館と言えば、途方もなく厚い壁と、恐ろしいほど高い天井を持つ建物です。暖房と言えばペチカや暖炉だけでしょう。寒さはよほど堪(こた)えたようです。そんな彼らが、何かをきっかけにして、冬も暖かな南仏の海岸を「発見」したのだと思います。いつしか冬になると南仏の海岸で過ごすのが習慣になっていました。

それでもって、ほとんど漁村か小さな港しかなかった南仏の海岸が、みるみるうちに華やかな保養地に変貌していったのです。折しもそれを加速させるものがありました。鉄道です。パリ―マルセイユ―ニース―カンヌ―マントンを貫く長距離列車が登場すると、沿線各地にホテルや別荘が建てられ、カジノが開設されていきました。もちろん地元フランスの客もふえていきました。

そんなときです。小説もどきの悲劇が起こりました。原因は一九一七年のロシア革命です。国民の大半が苦しみに喘(あえ)いでいた第一次世界大戦のさ中でも、のんきに紺碧海岸(コート・ダジュール)に逗留(とうりゅう)していたロシアの富裕層にとって、王朝を崩壊させる革命はそれこそ青天の霹靂(へきれき)だったでしょう。とつぜん国に帰れなくなった彼らは、莫大な財産を失い、収入の道も断たれました。茫然自失の態(てい)だったと想像できます。

「それまで泊まっていたホテルとか、食事を楽しんでいたレストランでもって、今度は給仕やメイドになって働く惨めな人も出てきたそうだよ」

「こぼれ話にしてはちょっと可哀相すぎるわね」

「落ちぶれた貴族の姿、そういうのを想像するのもつらいかな」

「そうねえ。罰(ばち)が当たったみたいな気もするけど」

日が暮れてきました。アンティーブの方角にあたる西の空が、みるみるうちに赤く染まっていきます。見たこともないすごい夕焼けです。色合いがどんどん変化していって、何層ものグラデーションができています。重ね塗りの油絵のように見えます。これもニースの名物なのかもしれません。

ちょうど食事も終える頃に、夜の帳(とばり)が降りてきました。白い街燈がいっせいに灯ると、入り江に沿ってゆるやかに弧を描く、長い光の列ができました。あんなみごとな夕焼けと、こんな美しい夜景を眺められるなんて、部屋を予約したときには想像もしませんでした。

二日目は市内見物にあてました。ホテルを引き払うと、マティス美術館のあるシミエ地区にバスで向かいました。ぼられると不愉快な思いをするので、よほどでないとタクシーは使いません。繁華街から外に出たバスは坂道をのぼり始めました。上に行くにつれて、豪邸(マンション)や高級アパルトマンが次々に現れ、風景が緑豊かな高級住宅地に変わっていきました。歩く人の姿はちらほらです。

どこで降りたらいいのかしらと、ドアの上にある路線図を見に行くと、後ろから軽く肩を叩かれました。振り返ると、上品な年配の婦人がいて、

「マティス美術館へ?」

「はい、そうです」

「でしたらここですよ」

すぐに降車ボタンを押しました。「メルシーボクー、マダム」。ふたりでそう言ってあたふた降りました。バスを見送ってから、坂道を少し先へ進むと、右手前方に大きな建物が見えてきました。赤い色のマティス美術館です。写真で見たことがあります。もともとは十七世紀の貴族の邸宅だったらしいです。ということは、その頃にはもうこの辺は高級住宅地だっ

たということでしょう。

美術館はオリーブの林がひろがる大きな公園の中に建っています。脇の方から近づいて行ってみると、中年のカップルが向こうからやって来ました。前を歩いて来る男性が、笑いながら手でバツ印をつくっています。な〜んだ、美術館は内部改装中で休みでした。「まさかあ、残念だなあ」「ニースの風景画見たかったのに」。たしかマティスの墓もこの辺にあるはずだけど……

公園の散歩に切り替えました。真ん中をつらぬく広い道を、どんどん奥まで行ってみると、鬱蒼（うっそう）とした樹陰の向こうに、古めかしい大きな建物が現れました。ガイドブックにある十六世紀のシミエ・フランシスコ会修道院です。堂々としています。

入口の脇に縦長の大きな壁画があります。聖フランシスコと思われる若い僧が、天空に姿を現したキリストを仰ぎ見ている図です。キリストは胸に十字架を抱えています。空はおだやかな茜色（あかね）です。聖フランシスコは、かわいい小鳥にも語りかけて、やさしく説教をしたという、イタリアの有名な聖人です。イタリアではたぶんフランチェスコと呼ぶのでしょう。

いまではすっかりすたれてしまった修道会ですが、かつては大きな影響力を持っていたと言います。なにしろ中世最大の教育機関だったということですから。その往時をよく偲ばせているのが、こうした文化財的な建物でしょう。フランシスコの生誕地はイタリア中部の都市アッシジですが、あそこにも修道院があったと思います。ドナウ河畔に立つオーストリアのメルク修道院、大航海時代の国の栄光を偲ばせるポルトガルのジェロニモス修道院など、かつて見学したことのある壮麗な建物が目に浮かんできます。

閑静な山の手から下りてくると、次は下町を訪ねてみることにしました。ニースと言うとそれだけでも高級感が漂います。そんなニースにも、人いきれのする下町があることは、日本ではあまり知られていないかもしれません。生活感たっぷりの下町がニースにもあるのです。海岸通りと新市街とのあいだにはさまれた旧市街がそれです。行ってみると街は午後の雑踏の中にありました。ランチタイムの空気が残っています。気取った感じは全然なさそうです。

「池波正太郎の《フランス映画旅行》という本があるでしょ」

「うん、初めてフランスを旅したときのエッセイだろ」

「ニースの印象をイタリアの街みたいだって、そう書いてなかった？」

「じゃあ、きっとこの辺を歩いたんだろうな」

街路は整然としたものではありませんが、風格のある大きな建物が目立ちます。歴史的建造物も多いのでしょう。田舎街っぽいアンティーブとは違って、ここでは高層の立派な建物が多いみたいです。そもそもニースは都会なのでしょう。ただ、それでも建物の一階部分は商店や食堂になっているので、通りはどこもみな庶民的な活気に満ちています。

しばらくぶらついていました。すると、何か少し暑苦しいような、息苦しいような気分がしてきました。壁に囲まれた狭いエリアに、重厚な高い建物が立ち並び、人や車の往来が多いせいかもしれません。道路も錯綜しています。落ち着きにはちょっと欠けます。ざわめき、流れている。ニースの旧市街はそんな感じです。

「もうすぐ二時ね。お腹すいたわ。あのお店、ブラッスリって書いてあるわよ」

「レストラン、カフェ、ブラッスリ。どうもこの区別がよくわからないな」

「そうねえ……」

うちにしては遅めの昼食となりました。ウエイトレスにロゼを注文しておいて、渡されたメニューをひろげてみました。

「ねえ、せっかくニースに来たんだから、名物のニース風サラダにしようかしら」

「サラダかあ……え〜と、サラダ何とかと書いてある、これかな。前菜ってわけでもないんだね」

「そうそう、それよ。日本語で言うとニース風サラダなんでしょ」

ということで、今日のランチはニース風サラダとなりました。サラダだけの食事というのはたぶん初めてです。

「わりとヴォリュームがあるんだな。マグロやポテトが入っているものね」

「そうね。マグロは、少しあぶってあるわね。昔は生で食べてたんだって。パリに住んでる小説家の辻仁成さんが、どこかに書いてたわ」

「へ〜、それじゃあ、フランスにも生のマグロを食べる習慣があったんだ。初耳だな、それは」

「調味料はお醤油でなくて、お塩、ワインヴィネガー、胡椒とかでしょうけど。漁師料理だったのかな」

マグロとジャガイモのほか、使われていた具材は、ゆで卵、インゲン、トマト、黒オリーブの漬物などでした。紺碧海岸（コート・ダジュール）に来てマグロのたたきを口にするとは思ってもいませんでした。おいしかったです。

朝市の開かれるサレヤ広場というのがあるはずなので行ってみました。薄いベージュ色のきれいな教会が見えます。ガイドブックに紹介されているミゼリコルド礼拝堂のようです。バロック建築の最高傑作と評されているそうです。たしかに見栄えのいい建物です。ラスカリ宮殿というイタリア貴族の旧邸宅も近くにありました。

もちろん朝市はもう終わっていました。ここの朝市は露店だというので見てみたかったのですが。紺碧海岸（コート・ダジュール）ではいまでも朝市が盛んなようです。昔ながらの朝市が開かれていると、観光客にとっても旅の面白さが増すので、これからもずっと続いてほしいです。

「もう一度海を見ておかない？」「そうだね。最後にね」。広場をぬけて壁の外に出ました。そこが海岸に面して造られた大通り、《プロムナード・デザングレ》、日本語に訳せば《イギリス人の遊歩道》ということでしょうか。この立派な道路をこしらえたのはイギリス人なので、それでこういう名前になっているわけです。いろんな国の人が関わって街がつくられていく。ヨーロッパらしい話です。

あれはまだ二年前のことだったでしょうか。この大通りで行われていた祭りの行列に、トラックが突っ込むというテロ事件が起きたのは。世界に衝撃を与え日本でも大々的に報道されました。でもいまは、何ごともなかったかのような、平和そのものの佇まいをしています。やはり記憶はどんどんうすれていくのでしょうか……

実を言うと、今朝早く、ホテルの食堂に行く前に、私たちは一度ここに立っていました。

「ニースの海は広いんだなあ」

「シ～ンとしている」

「《天使の湾》とか《天使の入り江》って言うんだろ」

「そんな雰囲気ね、たしかに」

紺碧海岸（コート・ダジュール）の海の表情には、街なりに様ざまなものがあって、どれもみな個性的な魅力をたたえています。あらためてそう感じた瞬間でした。

モネもいた街アンティーブ

「アズナヴールが亡くなったねえ」

コーヒーを注文するときに、青年にそう声をかけてみました。

「ああ、はい。九十四歳だったんですよ」

ちょっと誇らしげにそう言ってから、テーブルの上に指で94と書くと、彼は私たちをお店の中に連れていきました。レコードがかかっています。音量が上がりました。アズナヴールの声です。昨夜(ゆうべ)テレビで訃報が伝えられ、しきりに流れていたのがこの曲でした。高齢となってもなお歌い続けていると聞いていましたので、とうとう大往生されたのか、という思いでニュースを見ていました。国民的歌手の追悼番組は二、三日続いていました。

あれは、たぶん七十年代の初めだったと思うので、ほぼ半世紀も昔の話になります。ラジオで音楽評論家が座談会をやっていました。途中で由紀さおりさんの新曲《恋文》というのが話題に上りました。歌い出しにアズナヴールの名が出てきます。

「いやあ、アズナヴール流しながらラブレター書いてるなんて、おしゃれな曲だなあ」。評論家の人たちはさかんに感心していました。「アズナヴールって誰？」。シャンソンのファンでもなかったので、歌声も名前も知りませんでした。それから最近に至るまで、新聞で日本公演の広告を目にすることが時どきあったので、どんな風貌かぐらいは知るようになっていました。

でも、歌声を聴いたのは、実を言うと昨夜が初めてだったのです。「ああ、これなら日本にも根強いファンがいても当然だ」。一遍で聴き惚れてしまいました。日本に帰ってから足跡をしらべてみました。

パリにうまれ、パリで育ったアズナヴールですが、血筋的にはアルメニア系のフランス人でした。両親が、グルジョア（現ジョージア）とトルコからやってきたアルメニア人だったのです。ユダヤ人がそうだったように、アルメニア人も流浪の民でした。かつてはこんな心ない言葉も聞かれたと言います。（ジョージ・オーウェル『パリ・ロンドン放浪記』（岩波文庫）

《ユダヤ人よりは蛇を、ギリシャ人よりはユダヤ人を信じよ、だがアルメニア人は信じるな》

アルメニア人が、曲がりなりにも国を持てたのは、ソ連が解体したあとのことです。貧しい移民だったアズナヴールの両親は、どちらも根っからの音楽好きだったので、アズナヴールも小さい頃から芝居の世界に飛び込みました。演劇の学校にも通って頑張りました。でも、なかなか芽が出ません。チャンスを求めて海外にも出て行ってみました。

やがて歌の世界に目を向けたアズナヴールは、シャンソンの作詞を手掛けるようになり、それがきっかけとなって、あのエディット・ピアフから声をかけられる幸運に恵まれました。そこから潮目が変わりました。上昇気流に乗ったアズナヴールは、歌手として大きな成功をおさめていっただけでなく、映画その他のジャンルでも、フランスの芸能スターへと出世していったのです。

カフェのオーディオから流れていたのは、《ラ・ボエーム》というアズナヴールの代表曲の一つでした。貧しい画学生だった遠い青春の日々を、年老いたカップルがほろ苦く追憶する歌です。アズナヴールの歌に出逢えたことも、今度の旅行の思わぬ収穫の一つでした。ヴァンスの街でアルメニアの女性と料理に出逢ったばかりだし、何か縁があったのかもしれません。

久しぶりにキッシュを買いに出かけました。お店は城門の手前にあります。ここのマダムは、年配のフランス人女性にしては珍しく、英語がとても上手な人です。そしていつも愛想がいいです。そんなマダムも、私たちがまだ街にいたことに、ちょっと驚いた表情を見せました。大ぶりのキッシュを二つ包んでもらいました。

さらに城門の近くまで行くと、石造りの古い水汲み場があります。そこを左に曲がると、城壁と向かいあって数軒の大衆酒場が並んでいます。滞在の二日めだったか、レピュブリック通りがどこかわからず、人に尋ねながらこの辺をウロウロしたのを思い出します。

しばらくして、次にこの通りに来たときには、若いウエイトレスが陽気に声をかけてきたお店に寄ってみました。ジョッキで生ビールを飲みながら、ヨーロッパに特有の、なが〜い、なが〜い黄昏時(たそがれどき)を楽しみました。そのお店に今日も寄ってみると、あのウエイトレスは相変わらず元気いっぱいです。ここの通りにはワインよりもビールのほうが似合う感じなので、今日もまた生ビールを注文しました。

「城壁の下のほうにはお店が入っているのね」

「うん。鉄道の高架線の下みたいだね。でも、お店でなくてギャラリーじゃないか」

「そうかな。あそこの大きな写真、黒いコートの女性のあれ、いいわね」

「うん。やっぱりこの街はアートが好きみたいだな」

帰りがけにサド通りにまわり、行きつけにしていた惣菜店にも寄ってみました。清潔感満点の大きなガラスのショウケースの中に、スモークサーモン、ハム、ソーセージ、生ハム、パテ、ニンジンのマリネ、コロッケ、パスタ等々、惣菜がきちんと並べられています。お店をやっているのは四十歳くらいの寡黙なカップルです。安心してゆっくり買い物ができます。

いちばんの楽しみは、塩味を抑えた生ハムをスライスしてもらうことです。普段は真空パックのものしか買ったことがありません。大きな塊からほしい枚数だけスー、スーと機械で切り分けてもらいます。今日は六枚スライスしてもらいました。チーズ、生ハム、レタスをパンにはさんで食べます。ランチには持ってこいです。

二、三度コロッケを買ったことがあります。コロッケと言っても、日本のそれとはちょっと違います。丸ごとゆでたジャガイモに、そのまま薄く衣をつけて揚げたもので、あっさりホクホクした食感がとても気に入りました。でも、今日はキッシュを持っていたので、コロッケではなくてイカのマリネと野菜サラダを買いました。

サンテスプリ通りはひっそりとしています。画家のマダムの姿もありません。マダムは、いつも道に出した椅子にどっかと坐り、黙々と絵筆をとっていました。私たちの部屋の窓からも、彼女の広い背中が見えました。通行人にはまるで無頓着なマダムだったので、言葉を交わすきっかけは作れませんでした。たまに市場で姿を見かけることもありましたけど。

記念に何か一枚買っておこうかと、彼女の「絵」を売るショップに寄ってみました。ショップはすぐ近くにあります。店番は年配のムッシュウです。オリジナルは手描きの水彩画ですが、それをいろんなサイズの紙にプリントし、絵葉書のようにして売っているのです。あれこれ見て二枚選びました。

一枚は、この小路をていねいに写生したもので、正面に私たちの寝室の窓が描かれていま
す。色使いがとてもおだやかで、古い小路の静かで暖かな雰囲気がよく出ています。写真と
はまた別の味わいがあって、これもアンティーブ滞在のよい記念になりそうです。

「モネがこの街に来たことがあるんだって？」

「そうなの。しばらくいたみたいよ。アンティーブで描いた油絵を、パリで開いた個展で発
表したら好評だったたって。アルルにいたゴッホに宛てた手紙の中で、画商だった弟のテオが
知らせているの」

そうなんです。モネはアンティーブに来て、岬のほうから街の遠景、城と聖堂の立つ高台
のあたりの風景を、何枚も描き遺しているのです。一八八八年、四十八歳のときです。すで
に名を成して、ジヴェルニーに広い屋敷を構えていたモネですが、盛んにヨーロッパ各地に
写生旅行に出かけるようになっていました。南仏にもやって来たモネは、アンティーブが気
に入ったらしく、半年も滞在したそうです。

そう言えばオード・カーニュにいた三岸節子も、近くに見えるアンティーブの街を好まし
く思ったらしく、子どもさんと一緒にしばしば訪れもしたし、こんな賛辞も日記に残してい
ます。

《アンティーブは海の色、赤い屋根の色、ピカソのミュゼの眺め、ひときわ美しい所で

ある》

クロード・モネにも三岸節子にも好かれたアンティーブに、私たちはひと月ばかりですが滞在し、紺碧海岸（コート・ダジュール）の街や村を訪ね歩いてきました。期待していた通り、暮らしと旅の両方の愉しみを満喫することができました。アンティーブは知性を感じさせるおだやかな街でした。芸術家ゆかりの場所を訪ねる旅はいろいろ勉強にもなりました。感激する逸話（エピソード）も多かったです。

紺碧海岸（コート・ダジュール）。そう言われたら、やっぱり国際的な高級リゾート地を思い浮かべるかと思います。べつにそれは的外れではありません。ですが、実際に歩いてみるとどうでしょう。紺碧の地中海岸に点々と連なる街は、ほとんどが小都市です。どれもおしゃれな表情をしていますが、漁村や城下町だった頃の面影を色濃く残す、ノスタルジックな街でもあります。アンティーブもそうでした。陽光に包まれた通りには、平和な時間がゆっくりと流れ、人々の顔からは笑みが絶えません。旅する人にもとても馴染みやすい土地なのです。

旅の一日は、普段の日の十日、百日にあたるくらい中身が濃い。いつもそんなふうに感じています。いい思い出が詰まっているからでしょう。それは老後の貴重な財産にもなるはずです。置き場所は要らないし盗まれる心配もありません。記憶の抽斗（ひきだし）にしまっておけば、折りにふれて取り出して、懐かしく語り合うこともできます。思い出という財産をふやせるのも、旅の効用の一つではないかと、しみじみそう感じています。

アヴォワ〜ハ

部屋を引き払う日が来ました。

いつものように海岸通りに出てみると、きれいな朝焼けの空が迎えてくれました。通りに面した民家の壁も、ほんのりとですが赤く染まっています。少しばかり風があるけれど、海はいつもどおりに凪(な)いでいます。小型のクルーザーが一艘、マリーナの方角に横切って行きました。

こうやって夜明けの空と海を眺めていると、気持ちがどんどん落ち着いてきます。それに明るくもなってきます。普段の暮らしではこんな時間は持てません。海の近くに住んでいませんので。今度の滞在では毎日それが楽しめました。それだけでも十分幸せなことだったと思います。

八時には朝食を終えて、親方が来るのを待ちました。テレビではニュース番組のTele(テレ)Matin(マタン)をやっています。いま天気予報が終わったところです。この番組は毎朝見ていました。

九月初旬からの一か月、傘いらずの快適な滞在でした。晩夏から初秋にかけてのおだやかな陽気は、年配の私たちには格別心地よくて、おかげで体調を損ねることもありませんでした。

　親方がやって来ました。約束どおりの九時です。設備を簡単にチェックしたあと、親方はユーロ札何枚かと紙片（かみきれ）をテーブルに置きました。初日にあずけた損害補償金です。破損した物は何もないので全額返金です。紙片にサインしてチップを渡しました。「メルシー」。小声でそう言った親方と、軽く握手を交わしました。

　ここに来た日と同じように、親方は大きいほうの旅行鞄を押して、何も言わずさっさと出て行きました。小路から海岸通りに出ると右に折れ、坂をのぼってピカソ美術館の前をどんどん先に進んで行きます。風がかなりきつくなっていました。ともかく親方を追いました。路上駐車の車にたどりついたときには、少しばかり息が切れました。雨天でなくてよかったです。

　車は、あのコインランドリーの脇をぬけて、あっという間に街の外に出ました。海沿いの幹線道路を、ニースの空港めざして一路北へと向かっています。今日は右手に海がひろがっています。「これで地中海も見納めかな」。そう思うと寂しくはありました。センチメンタルな気分になるのは、旅の終わりの常です。昨日、市場（マルシェ）の裏手にあるカフェに行って、青年にいつものようにコーヒーを注文したあと、

「ぼくらはあした帰るんだ、日本へ」

「ああ、もうひと月たって……」

「残念だわ、とっても」

「いえいえ、来年また来ればいいんですから」

孫のような年齢の若者と、名を名乗り合うのもおかしい気がして、けっきょく青年に名前を尋ねることはありませんでした。「青年」はずっと「青年」のままでした。これからもそうです。スポン、スポン。ワインの栓を抜く音が、かすかに耳の奥で響いています。


（完）

あとがき

出発の日も近づいてきた頃でした。傷害保険の手続きのため、旅行代理店に出向いたときのこと。

「コート・ダジュールのどこに行かれるのですか？」

「アンティーブっていう街に、ひと月滞在する予定なんですけど」

「へ～。アンティーブ？　そんな街があるんですか？」

大手の旅行代理店のベテラン社員の女性でも、アンティーブの名を知りませんでした。マントン、カーニュ、ビオなどを知る人も、たぶん日本には数えるほどしかいないでしょう。フランスに関する情報はたくさんあります。でも、旅行書とかエッセイとなると、パリに関するものがほとんどです。

紺碧海岸（コート・ダジュール）に関する本などめったにありません。ガイドブックのほかは、時どき組まれる雑誌『フィガロジャポン』の特集があるくらいです。あとはネット上に断片的な記事を見る程

度で、情報がほんとうに少ないのです。とても残念な気がしました
だったら、ここは自分たちが一つ汗をかいて、紺碧海岸（コート・ダジュール）の魅力を伝える旅行書を書いてみようか。そういう気が起きたのは、アンティーブから帰って二年ばかりした頃でした。まだ盛んに旅行の思い出を反芻していました。

だいぶ前のことですが、私たちは、『ポルトガルの風』と題する旅行書を、共著で出版したことがあります。これも貴重な経験でした。「昔取った杵柄（きねづか）」なんて言葉があります。経験を生かしてやってみれば、また一冊書けるのでは。そんな希望も湧いてきました。

紺碧海岸（コート・ダジュール）の旅の愉しさを多くの人に伝えたい。そう念じながら、まずは旅行中の日記の整理から始めて、手順をふんで少しずつ作業を進め、やがて執筆へと向かいました。三年ほどかかって、ひとまず出来上がった原稿は、自分たちとしてはほぼ満足のいくものでした。骨はけっこう折れました。土地の由来や画家の足跡など、しらべることがいろいろあったからです。

執筆にかかっていた時期は、むろん偶然のことですが、世界じゅうにコロナ禍がひろがった時と重なりました。アンティーブはじめ、紺碧海岸（コート・ダジュール）の懐かしい街や村のことも心配されました。あのおだやかな土地がつつがなくあることを願うばかりでした。いろいろ迷った原稿のタイトルは、中身に一番似合っていそうな、『コート・ダジュールの小さな旅』に落ち着き

ました。
　出版にあたっては、パレードブックス社のお世話になりました。独自の校正作業をくぐるなかで、細かなところでの表現が改善され、表紙カバーも含めて、全体に明るくまろやかな雰囲気のものに仕上がったようです。コーディネーターの原幸奈さんにはお世話になりました。感謝申し上げます。

令和六年三月

小峰和夫
小峰良子

【著者】

小峰和夫（こみねかずお） ／ 小峰良子（こみねりょうこ）

四十代の頃から海外旅行に親しむ。1994-95年、ポルトガル共和国への夫の研究留学に妻も同行。その体験をもとに旅行記『ポルトガルの風』を出版。ユーラシア大陸最西端の国の、旅情さそう懐かしい風景、リスボン下町のおだやかな庶民の暮らし、遠い南蛮の国の食と文化と歴史など、サウダーデ（郷愁）の国の現在をほのぼのと描いて好評を博す。
これがきっかけとなり、1997年、ポルトガル愛好者の集まり《倶楽部ポルトガル》を起ち上げる。会員250名。季刊の会誌《青い葡萄酒》（通巻75号）、記念誌《酌み交わす青い葡萄酒》等を発行し、ガイドブック『ポルトガル：懐かしい国、素顔の暮らし』を、会員共同執筆によりトラベルジャーナル社より出版。毎年「ファドの夕べ」などを催し、駐日ポルトガル大使館に協力して日葡文化交流の促進にもつとめる。2017年解散まで倶楽部を主宰。
その後も、ポルトガル、フランス、オーストリアなど、ヨーロッパでの個人旅行、滞在型旅行を体験してきた。夫は元大学教授。妻は管理栄養士。

コート・ダジュールの小さな旅

2024年7月1日　第1刷発行

著　者　小峰和夫／小峰良子

発行者　太田宏司郎
発行所　株式会社パレード
　　大阪本社　〒530-0021　大阪府大阪市北区浮田1-1-8
　　　　　　　TEL 06-6485-0766　FAX 06-6485-0767
　　東京支社　〒151-0051　東京都渋谷区千駄ヶ谷2-10-7
　　　　　　　TEL 03-5413-3285　FAX 03-5413-3286
　　https://books.parade.co.jp
発売元　株式会社星雲社（共同出版社・流通責任出版社）
　　　　　　　〒112-0005　東京都文京区水道1-3-30
　　　　　　　TEL 03-3868-3275　FAX 03-3868-6588
装　幀　河野あきみ（PARADE Inc.）
印刷所　創栄図書印刷株式会社

ISBN 978-4-434-34112-0　C0095